Las seis esposas de Enrique VIII

Una guía fascinante sobre Catalina de Aragón, Ana Bolena, Juana Seymour, Ana de Cléveris, Catalina Howard y Catalina Parr

© Copyright 2021

Todos los derechos reservados. Ninguna parte de este libro podrá ser reproducida de ninguna forma sin el permiso por escrito del autor. Los críticos pueden citar breves pasajes en las reseñas.

Descargo de responsabilidad: No se permite la reproducción total o parcial de esta obra, ni su transmisión en cualquier forma o por cualquier medio, mecánico o electrónico, incluyendo fotocopias o grabaciones, o por cualquier sistema de almacenamiento y de recuperación de información, ni su transmisión por correo electrónico sin la autorización por escrito del editor.

Aunque se ha hecho todo lo posible para verificar la información proporcionada en esta publicación, ni el autor ni el editor asumen ninguna responsabilidad por errores, omisiones o interpretaciones contrarias del tema aquí tratado.

Este libro es solo para fines de entretenimiento. Las opiniones aquí expresadas son únicamente las del autor y no deben tomarse como instrucciones u órdenes de expertos. El lector es responsable de sus propios actos.

El cumplimiento de todas las leyes y reglamentos aplicables, incluyendo las leyes internacionales, federales, estatales y locales que rigen la concesión de licencias profesionales, las prácticas comerciales, la publicidad y todos los demás aspectos de la actividad comercial en los Estados Unidos, Canadá, el Reino Unido o cualquier otra jurisdicción es responsabilidad exclusiva del comprador o lector.

Ni el autor ni el editor asumen responsabilidad u obligación alguna en nombre del comprador o lector de estos materiales. Cualquier desprecio que se perciba hacia cualquier persona u organización es puramente involuntario.

Índice

ÍNDICE 5
INTRODUCCIÓN 1
CAPÍTULO 1 - ENRIQUE TUDOR 2
CAPÍTULO 2 - CATALINA DE ARAGÓN 6
CAPÍTULO 3 - LA BODA DE CATALINA Y ARTURO 9
CAPÍTULO 4 - EL SEGUNDO MATRIMONIO DE CATALINA 15
CAPÍTULO 5 - LA AMANTE ELIZABETH BLOUNT 20
CAPÍTULO 6 - LA AMANTE ANA BOLENA 24
CAPÍTULO 7 - ANA BOLENA 29
CAPÍTULO 8 - LA REFORMA Y EL DIVORCIO 35
CAPÍTULO 9 - EL MATRIMONIO Y LA MUERTE DE LA REINA PROTESTANTE DE INGLATERRA 39
CAPÍTULO 10 - LA AMANTE MARY SHELTON 47
CAPÍTULO 11 - EL CORTEJO DE JUANA SEYMOUR 51
CAPÍTULO 12 - JUANA Y EL PRÍNCIPE 55
CAPÍTULO 13 - VIUDO POR DOS AÑOS 59
CAPÍTULO 14 - ANA DE CLÉVERIS 63
CAPÍTULO 15 - LA ANULACIÓN Y LOS AÑOS POSTERIORES ... 68
CAPÍTULO 16 - CATALINA HOWARD 72
CAPÍTULO 17 - LA AVENTURA AMOROSA CON CULPEPER 76
CAPÍTULO 18 - CATALINA PARR 80

CAPÍTULO 19 - MÁS TEORÍAS SOBRE LA FERTILIDAD DE ENRIQUE TUDOR 89
CAPÍTULO 20 - LOS HIJOS ILEGÍTIMOS DE ENRIQUE VIII 93
CAPÍTULO 21 - EL LEGADO DE LAS SEIS ESPOSAS DE ENRIQUE 101
VEA MÁS LIBROS ESCRITOS POR CAPTIVATING HISTORY 106
REFERENCIAS 107

Introducción

Enrique VIII, rey de Inglaterra e Irlanda durante la primera mitad del siglo XVI, es uno de los monarcas más famosos de la historia por muchas razones. Gobernó de forma despiadada, no le temblaba el pulso para acusar de traición y ejecutar, y esa misma facilidad la tenía para enamorarse y desenamorarse. Enrique cambió la estructura religiosa de Inglaterra para siempre y dejó su huella en el resto del mundo, pero ¿qué hay de las seis mujeres que tomó como reinas? Desde la regia y capaz Catalina de Aragón hasta la paciente y generosa Catalina Parr, las esposas de Enrique representaron una gama de personalidades, objetivos, creencias e influencias para el rey. Cada una de las seis esposas de Enrique simbolizaba una faceta del propio rey, le gustara o no admitirlo; por desgracia, una reina de Inglaterra al lado de Enrique VIII nunca podría estar segura del amor de su marido... o de su propia seguridad. Estas son las historias de tres Catalinas, dos Anas y una Juana.

Capítulo 1 – Enrique Tudor

El rey Enrique VIII fue el segundo monarca Tudor en el trono de Inglaterra e Irlanda. Enrique nació en 1491 y heredó la corona de su padre en 1509. Era un hombre joven, atlético, apuesto y ambicioso con planes de expansión política.

Tal vez Enrique VIII supuso que se le haría fácil disfrutar del tipo de matrimonio que tuvieron su madre y su padre. Enrique VII fue el primer Tudor que gobernó Inglaterra, Irlanda y Francia en el siglo XV. Él reclamó su derecho a la corona tras derrotar a los ejércitos del rey Ricardo III en el campo de batalla y luego se casó con Isabel de York para unir ambos lados de la Casa de Plantagenet. De hecho, Isabel de York tenía derechos de sangre plenos para gobernar ella misma Inglaterra, pero todavía no se aceptaba el concepto de tener una reina independiente a finales de la Edad Media.

Enrique VII se comprometió con Isabel de York dos años antes de que su ejército matara al tío de Isabel, Ricardo III. Se casaron en 1586, y aunque no se conocían particularmente bien, se cree que la pareja se amaba y tuvo un matrimonio feliz. Además de su hijo Enrique, el rey y la reina tuvieron otros tres hijos sanos que sobrevivieron a la infancia: Arturo, María y Margarita.

Para el hombre que se convertiría en el rey Enrique VIII, su propia familia debió parecer idílica. Eran ricos, poderosos, cariñosos y productivos: todos los atributos importantes que debe tener una familia real. Estaba Arturo, el heredero varón, y Enrique, el segundo heredero en caso de que el primero sucumbiera a la enfermedad o muriera antes de tener hijos propios. También había dos princesas reales que podrían casarse con aliados políticos en Inglaterra y Europa. Tras la muerte de su madre en 1503, el joven Enrique Tudor vio cómo su padre sufrió mucho durante el luto y se retiró de la corte. Cada año, en el aniversario del fallecimiento de Isabel, el anciano rey pedía que se celebrara una misa católica de réquiem, que encendieran 100 velas y que se hicieran sonar las campanas de palacio.

Cuando Enrique VIII llegó al poder en 1509, tanto sus padres como su hermano mayor habían muerto. En pocos meses, el nuevo rey decidió casarse con la mujer que su padre había elegido originalmente como esposa de Arturo: Catalina de Aragón. No quería perder tiempo para crear su propia generación de felicidad familiar, apoyo y estabilidad política. La pareja se casó en junio, después de que Catalina recibiera la anulación papal de su matrimonio anterior con el hermano de Enrique. Enrique tenía claro que su padre había deseado mucho tener una conexión con Iberia, por lo que creyó que esta era la mejor jugada para él y para su reino.

Por desgracia, el rey Enrique VIII no estaba destinado a tener una felicidad matrimonial duradera. Una y otra vez, el rey encontró fallos en Catalina y luego en sus diversos sustitutos a lo largo de los años. La razón obvia era que ninguna de las esposas del rey parecía capaz de dar a luz a la familia numerosa que Enrique deseaba. Aunque Catalina de Aragón dio al rey su primera hija, María, los constantes partos de fetos muertos y abortos espontáneos frustraron al rey y finalmente le llevaron a romper el contrato matrimonial del que estaba tan seguro cuando eran un joven monarca de dieciocho años.

Durante sus últimos años, Enrique VIII se volvió obeso y enfermó crónicamente de úlceras en las piernas, pero en su juventud gozaba de buena salud y se esperaba que tuviera muchos hijos. El hecho de que seis mujeres potencialmente fértiles no pudieran producir más de tres herederos en total sugiere que algún problema médico aquejaba al rey. Los investigadores médicos modernos han planteado la hipótesis de que Enrique VIII podría ser portador de antígenos sanguíneos Kell positivos, que pueden causar problemas de incompatibilidad de grupo sanguíneo y mortalidad fetal.

Si esta hipótesis fuera cierta, Enrique y cada una de sus reinas habrían tenido una oportunidad de producir un bebé sano. Ese único embarazo exitoso dejaría a la reina con un anticuerpo que atacaría a los fetos durante los siguientes embarazos. El cuerpo de la reina sería incapaz de soportar la vida de otro feto Kell positivo, lo que daría lugar únicamente a abortos espontáneos y mortinatos.

Si después de un embarazo de Enrique VIII sus esposas solo podían soportar embarazos de fetos que no tuvieran el grupo sanguíneo del rey, la probabilidad de un parto saludable era considerablemente menor. La primera hija del rey que llegó a la edad adulta, la hija de Catalina de Aragón, María Tudor, pudo entonces haber heredado solo el gen Kell negativo de Enrique, en lugar del gen positivo dominante. Sin embargo, ella misma nunca pudo tener un hijo.

Sin importar cuál sea la verdadera causa de la lucha de Enrique VIII durante toda su vida por ser padre de muchos hijos, este fue sin duda el factor más importante en su decisión final de apartar a Catalina de Aragón de su corte y buscar una nueva esposa. Desgraciadamente para Enrique y sus numerosas esposas, cada una de las reinas luchaba por producir no solo un niño sano, sino un niño vivo. Para cuando el rey había logrado tener tres hijos sanos, los había segregado a ellos y a sus madres hasta un punto en el que la unidad familiar feliz que había deseado inicialmente era casi imposible.

Parece que la naturaleza de Enrique VIII que lo llevaba a rechazar a las mujeres potencialmente infértiles redujo significativamente sus posibilidades de tener un matrimonio feliz y amoroso. Aunque es cierto que el rey era viril y capaz de amar, también era capaz de desenamorarse rápidamente si los bebés no se llegaban pronto. Es probable que el trato que el infame rey dio a su primera esposa consolidara en su carácter el hábito de desechar lo que percibía como un estorbo, ya fuera una doctrina religiosa o una persona.

En total, el rey Enrique VIII se casó seis veces, y rara vez esperó más de unos días para volver a casarse tras la muerte o el divorcio de su anterior esposa. El periodo más largo que pasó en un luto genuino fue de dos años, tras la muerte de Juana Seymour.

Capítulo 2 – Catalina de Aragón

Durante un periodo de tiempo en el que la nación de España aún no se había formado a partir de las alianzas de Castilla, Aragón, Valencia, Mallorca y otros reinos independientes, la Península Ibérica era un mosaico político. Dos de estos poderosos reinos católicos romanos eran Aragón y Castilla, famosos por sus herederos y gobernantes, Fernando e Isabel. Casados en 1469, Isabel de Castilla y Fernando II de Aragón gobernaron conjuntamente y se les atribuye el inicio del proceso de unificación total de España. También se les atribuye -de forma mucho más controvertida- la fundación de la Inquisición española, en la que se ejecutaron entre 3.000 y 5.000 personas por anticatolicismo a lo largo de tres siglos. Fernando e Isabel Trastámara se convirtieron en padres de su hija menor, Catalina, el 16 de diciembre de 1585.

Isabel y Fernando Trastámara fueron, en muchos sentidos, monarcas no tradicionales. Isabel no solo era la reina de Castilla de pleno derecho, sin tener que ceder ante su marido, sino que además era considerada como el igual político y marital de Fernando. La suya era una familia en la que los descendientes femeninos recibían una excelente educación, al lado de los masculinos. Catalina, por tanto, fue educada extremadamente bien y se consideraba que era muy inteligente. Aprendió a leer y escribir en latín, aragonés y castellano, y a hablar griego y francés. También fue muy instruida en filosofía religiosa y sus devotos padres le enseñaron a mantener firmemente su fe católica.

El principal tutor de la princesa Catalina fue Alessandro Geraldini, un dedicado educador que más tarde acompañaría al miembro más joven de la realeza a su cargo hasta Inglaterra, antes de navegar al Nuevo Mundo. Geraldini enseñó a Catalina matemáticas, historia, genealogía, derecho y otras materias dignas de una futura monarca. Sus principales intereses eran la literatura y la teología.

La joven princesa y sus cinco hermanos tuvieron contacto con una increíble cantidad de información, no solo a través de sus tutores, sino también a través de la vida junto a Isabel y Fernando de España. Los padres de Catalina, apodados los Reyes Católicos por el papa Alejandro VI, no eran una pareja real ociosa. Les apasionaba la creación de un imperio puramente católico romano en el que no residieran miembros de otras confesiones. Emplearon tácticas militares para limpiar étnicamente la Península Ibérica de judíos, moros, protestantes, ateos y otras personas consideradas herejes por las estrictas letras de la ley católica. Al ver a su madre y a su padre perseguir a sus enemigos por el Viejo y el Nuevo Mundo, Catalina aprendió una gran cantidad de habilidades administrativas en tiempos de guerra.

Catalina y sus hermanos eran herederos en línea del régimen más poderoso de Europa a finales del siglo XV. Ni sus padres ni sus respectivos reinos se tomaron a la ligera las opciones en cuanto al matrimonio. Se consideraron varias parejas para Catalina antes de que sus padres se decidieran por Arturo Tudor. Inglaterra no era la primera opción de España como aliada, pero después de haber casado a sus cuatro primeros hijos con monarcas de Portugal y Austria, fue una decisión oportuna por parte de Isabel y Fernando.

Se trataba de una asociación extremadamente estratégica por parte de Enrique VII de Inglaterra, ya que todavía había facciones en toda Europa que creían que su conquista de Inglaterra e Irlanda no era válida debido a su discutible nacimiento ilegítimo. Como Catalina de Aragón también descendía del rey Eduardo III de Inglaterra, al igual que los herederos Tudor, Enrique VII pensó que lo mejor era consolidar ese poder en un solo matrimonio. Catalina fue prometida a Arturo Tudor antes de cumplir los cuatro años; llegó a Inglaterra con la promesa de una dote de 200.000 coronas.

Capítulo 3 – La boda de Catalina y Arturo

Catalina de Aragón y Arturo Tudor se casaron por poderes el 14 de mayo de 1499. Como ambos eran menores de edad, la pareja permaneció separada hasta que Catalina cumplió 16 años y Arturo 15. Durante los dos años siguientes, se mantuvieron en contacto mediante cartas escritas en su lengua común: el latín. Esas cartas retratan a un joven príncipe impaciente y a una joven princesa muy educada y elegante, ambos deseosos de seguir adelante con sus vidas y dejar de esperar a que llegue el futuro:

"He leído las dulcísimas cartas que he recibido de vuestra alteza recientemente, con las que he percibido ácilmente vuestro más entero amor hacia mí. Sinceramente, esas cartas, trazadas por vuestra propia mano, me han deleitado tanto y me han hecho sentir tan alegre y jocundo, que he creído ver a vuestra alteza y conversar y abrazar a mi querida esposa. No puedo decirle cuán ferviente es mi deseo de ver a vuestra alteza y cuán molesta es para mí la dilación de vuestra venida".

En 1501, Fernando e Isabel prometieron a Enrique VII que Catalina llegaría pronto a Inglaterra. Durante la primera parte del año, el clima retrasó varias veces su partida. En mayo de ese mismo año, la princesa se enfermó durante un tiempo antes de iniciar finalmente su viaje hacia el mar del norte de su país. Este viaje por sí solo fue bastante trabajoso, ya que se extendía más de 500 millas desde Granada hasta Galicia. La travesía duró casi tres meses, tras los cuales Catalina se embarcó finalmente hacia Inglaterra el 17 de agosto. Incluso entonces, el viaje fue difícil: las tormentas en el Golfo de Vizcaya causaron daños y obligaron al barco y a la flota que lo acompañaba a retirarse a España poco después de la partida. El 24 de septiembre, la misma flota zarpó por última vez bajo el mando de uno de los mejores marineros de Inglaterra, Stephen Butt.

Una vez que las naves reacondicionadas partieron por segunda vez, el viaje duró menos de seis días. Catalina y su séquito llegaron a Plymouth el 2 de octubre de 1501. Fueron recibidos por los nobles locales y dirigidos a sus alojamientos preparados en Exeter, donde el rey Enrique envió una partida para escoltarlos hasta el Palacio de Lambeth en Londres. La princesa llegó a Londres el 9 de noviembre de 1501, más de cinco meses después de haber iniciado su viaje desde el sur de España.

Catalina de Aragón tenía la tez pálida, los ojos azules y el pelo castaño rojizo claro; muchos de los que la vieron la consideraban una joven hermosa. El abogado y filósofo Tomás Moro dijo:

"¡Ah, esa dama! Confíen en mi palabra, ella emociona los corazones de todos: posee todas esas cualidades que se consideran parte de la belleza y la hacen una joven muy encantadora. En todas partes recibe los mayores elogios; pero incluso eso es insuficiente".

La princesa española se casó con Arturo Tudor el 14 de noviembre de 1501 sin haberlo visto nunca antes. La novia llevó un grueso velo durante la ceremonia, por lo que ella y Arturo solo se vieron realmente después de haber intercambiado personalmente sus votos matrimoniales en la catedral de San Pablo. El futuro marido de Catalina, Enrique Tudor, la acompañó por el pasillo para conocer a su hermano. Después, a la pareja se le mostró públicamente su cama.

La abuela de Arturo, lady Margaret Beaufort, preparó el lecho matrimonial para su nieto y su nueva esposa. Roció el lecho con agua bendita antes de que las damas de compañía de Catalina ayudaran a la nueva princesa de Gales a ponerse su vestido de noche y la dejaran en la cama, y luego el príncipe entró a la habitación vestido con un camisón. El lecho matrimonial fue bendecido por el obispo de Londres y luego los recién casados se quedaron finalmente solos.

La mañana siguiente a la boda, Arturo presumió de forma divertida de haber consumado su matrimonio con Catalina, algo que, por supuesto, sus padres y su familia política esperaban de él. Sin embargo, el hecho de si solo estaba actuando o diciendo la verdad con entusiasmo sería muy debatido a lo largo la historia. Tras la boda, Catalina y Arturo se trasladaron a la frontera galesa, al castillo de Ludlow, para gobernar su parte del reino. La pareja se enfermó gravemente en marzo, y aunque Catalina se recuperó, Arturo murió solo cuatro meses después de la boda. La princesa insistió en que ella y Arturo no habían consumado el matrimonio antes de la muerte de su joven marido.

No está claro qué enfermedad padeció la pareja real, aunque las posibilidades incluyen la misteriosa enfermedad del sudor inglés o la tuberculosis. Catalina tardó varios meses en recuperarse de la enfermedad, tras lo cual un grupo de médicos reales enviados por el rey determinaron que no estaba embarazada y que, por tanto, no esperaba un heredero real. El funeral de Arturo se celebró el 23 de abril, pero su viuda no asistió. La tradición le prohibía aparecer, e incluso si hubiera querido asistir al entierro de su marido, Catalina seguía muy enferma.

La viuda adolescente fue retenida en Inglaterra tras la muerte de Arturo. Su destino lo decidiría el embajador español doctor de la Puebla y Enrique VII de Inglaterra. Enrique VII quería mantener a Catalina en la familia y, desde luego, quería cobrar la segunda mitad de su dote, así que la única solución lógica era volver a casarla con el joven Enrique Tudor. Afortunadamente, Isabel y Fernando aceptaron, pero las negociaciones tardaron más de un año en llegar a buen puerto. En junio de 1503, Enrique Tudor se comprometió formalmente con la viuda de su hermano. Al año siguiente, el papa Julio II dio permiso a la pareja para proceder con el acuerdo, basándose en la declaración de Catalina de que el anterior matrimonio no se había consumado. Entonces, Catalina esperó con ahínco la mayoría de edad del hijo menor del rey.

Los años que pasó en espera no fueron especialmente agradables para la joven princesa de Gales, ya que carecía de ingresos y dependía totalmente de su padre y del rey Enrique, pues su madre Isabel había muerto en 1504. En una carta dirigida a Fernando II en 1505, Catalina se vio obligada a pedir dinero para pagar a su dama de compañía:

"Altísimo y poderosísimo señor,

Es conocimiento de vuestra alteza cómo doña María de Salazar fue dama de la reina mi señora, que está en gloria bendita, y cómo vuestra alteza la envió a venir conmigo; y además del servicio que hizo a su alteza, me ha servido bien y todo esto lo ha hecho como una mujer digna. Por lo que suplico a vuestra alteza que, tanto por un servicio como por el otro, la mande a pagar, ya que no tengo con qué pagarle...

Desde Durham, el 8 de septiembre.

La humilde servidora de vuestra alteza,

que besa vuestras manos,

La princesa de Gales".

Catalina también escribió a su padre pidiéndole muy amablemente que le proporcionara dotes a todas las damas que había enviado con ella a Inglaterra. Era muy consciente de que a ninguna de sus damas se les había pagado por acompañarla o por prestar sus servicios y quería que encontraran buenos matrimonios en lugar de continuar en esa misma situación, sin poder comprarse ropa o artículos que necesitaran. Otra carta de Catalina a su padre en 1505 muestra lo incómoda que estaba la princesa lejos de España:

"*Altísimo y poderosísimo señor,*

Hasta la fecha no he querido dar a conocer a vuestra alteza los asuntos de aquí, para no daros disgustos, y también pensando que mejorarían; pero parece que es lo contrario, y que cada día aumentan mis disgustos; y todo por culpa del doctor de la Puebla, al que no le ha bastado que desde el principio tramitara mil falsedades contra el servicio de vuestra alteza, sino que ahora me ha dado nuevos disgustos...

Vuestra alteza sabrá, como muchas veces os he escrito, que desde que llegué a Inglaterra no he tenido un solo maravedí (un tipo de moneda española), *sino una cierta suma que me dieron para comer, y esta suma era tal que no alcanzaba sin que acumulara muchas deudas en Londres; y lo que más me aflige es ver a mis criados y doncellas tan perdidos, y que no tienen con qué vestirse; y creo que todo esto se hace por mano del doctor, quien, a pesar de que vuestra alteza le ha escrito, mandándole decir que debe tener dinero del rey de Inglaterra...*

...Hace pocos días que doña Elvira de Manuel me pidió mi permiso para ir a Flandes a curarse de una dolencia que le ha venido a los ojos... Supliqué al rey de Inglaterra, mi señor, que hasta que nuestra doña Elvira volviera, vuestra alteza mandara tener como compañera a una dama inglesa anciana o que me llevara a su corte. [El doctor] negoció que el rey echara a todos mis criados, y que se llevara mis aposentos y mandara colocarlos en una casa suya, para que yo no fuera en modo alguno la señora de estos.

Vuestra alteza verá lo que más le conviene, y con eso estaré muy contenta.

La humilde servidora de vuestra alteza,

que besa vuestra manos,

La princesa de Gales".

Por su parte, Fernando II se aferró casi por completo al rey Enrique VII para proporcionar a su hija lo que consideraba adecuado. En 1507, tras repetidas súplicas de Catalina, el rey de Aragón la nombró su embajadora en Inglaterra. Con un trabajo y algunos ingresos, el estatus y la confianza de la princesa mejoraron mucho, además de que se tomó su papel muy en serio.

Capítulo 4 – El segundo matrimonio de Catalina

A principios de 1509, el rey Enrique VII murió de tuberculosis, dejando a su hijo Enrique VIII como rey de Inglaterra e Irlanda. Impaciente por comenzar su reinado, el nuevo rey concertó su matrimonio con Catalina de Aragón pocos meses después de la muerte de su padre. Ambos se casaron en privado en el palacio de Greenwich el 11 de junio de 1509. Catalina tenía 23 años y Enrique VIII estaba a punto de cumplir dieciocho años.

La pareja fue coronada en una ceremonia conjunta pocas semanas después de la boda que estuvo llena de mucha fanfarria y celebración. El nuevo rey participó con entusiasmo en las justas de celebración. Según los relatos contemporáneos, parecía que reunía las características para ser el ejemplo perfecto de un rey:

"El rey se inclinó ante muchos, con firmeza y valor. Según su propia observación y el informe de otros, el rey Enrique no solo tenía mucha experiencia con las armas y gran valentía, y era muy ilustre por sus dotes personales, sino que además era tan talentoso y estaba adornado con tantos logros mentales, que creían que había pocos iguales a él en el mundo. Hablaba inglés, francés y latín, entendía bien el italiano, tocaba casi todos los instrumentos, cantaba y componía

relativamente bien, era prudente, sabio y libre de todo vicio, y además era tan bueno, afectuoso y amigo de la Señoría, que ningún soberano ultramontano le superó en ese aspecto".

Catalina también estaba enamorada de su nuevo marido y la nueva reina de Inglaterra quedó embarazada poco después de su segunda boda. Sin embargo, en enero de 1504, la niña que dio a luz nació muerta. Fue una gran decepción para Catalina, Enrique y su reino, que esperaban el nacimiento de un heredero masculino de los Tudor. Sin embargo, los abortos espontáneos y las complicaciones durante el embarazo eran algo normal en la Inglaterra de los Tudor, así que la pareja real se limitó a esperar mejores resultados la próxima vez.

Se estima que Catalina de Aragón tuvo entre seis y diez embarazos a lo largo de su matrimonio con el rey Enrique VIII, de los cuales solo dos dieron lugar a un bebé vivo. El primero fue un niño llamado Enrique; el segundo, una hija llamada María. El bebé Enrique murió a los dos meses de edad, pero María vivió hasta la edad adulta y sería la futura reina de Inglaterra, la primera mujer en ocupar ese cargo de forma independiente.

A pesar de la fertilidad problemática de la pareja real, Catalina y Enrique eran una pareja cariñosa y poderosa. El rey confiaba en el criterio de su esposa y hablaba con ella regularmente sobre los asuntos de la administración del país. A su vez, Catalina confiaba en su padre, por lo que los tres monarcas se volvieron aliados muy cercanos. A Fernando II y a su hija les preocupaba sobre todo el destino de España en las continuas guerras con Francia, y con el tiempo Enrique VIII decidió poner sus propios ejércitos en el continente para ponerse del lado de España. Además, Enrique VIII estaba decidido a recuperar Francia para sí mismo, como había hecho Enrique V un siglo antes. El momento era ideal para llevar a cabo tal campaña.

Mientras Enrique se dirigía a Francia para comandar su ejército, la reina Catalina se convirtió en la regente de Inglaterra en su país. Sin embargo, Catalina estaría muy ocupada, pues mientras su marido estaba fuera, el rey Jacobo IV de Escocia aprovechó el momento y atacó Inglaterra. Un ejército escocés de 80.000 personas cruzó la frontera inglesa el 22 de agosto de 1513. Como aliado de Francia durante mucho tiempo, el monarca escocés consideró que era su deber atacar a su vecino del sur y aprovechar su posición debilitada. Sin embargo, Catalina convocó a 40.000 tropas de reserva y logró una impactante victoria sobre el enemigo en la batalla de Flodden en septiembre. El ejército escocés no solo quedó muy debilitado, sino que el propio rey Jacobo IV de Escocia había sido asesinado.

Catalina escribió con orgullo a su marido en Francia para comunicarle la noticia:

"Señor,

Mi lord Harvard ha enviado una carta dirigida a vuestra gracia dentro de una mía, por la cual veréis por fin la gran victoria que nuestro Señor ha enviado a vuestros súbditos en vuestra ausencia: y por esta razón no es necesario molestar aquí a vuestra gracia con un largo escrito; pero a mi parecer esta batalla ha sido para vuestra gracia y todo vuestro reino el mayor honor que pudiera haber, y lo sería aún más si ganarais toda la corona de Francia: gracias a Dios por ello, y estoy segura de que vuestra gracia no se olvida de hacer esto, lo que será razón para enviaros muchas más victorias así de grandes, como confío que hará...

Esposo mío, por la premura con Rogecrosse, no pude enviar a vuestra merced el trozo de la capa del rey de Escocia, que ahora trae John Glyn; en esto verá vuestra merced, cómo puedo cumplir mi promesa: enviándoos para vuestros estandartes una capa del rey...

Vuestra humilde esposa y verdadera servidora

Catalina".

Catalina de Aragón demostró ser una verdadera discípula e hija de Isabel y Fernando de España, que habían dirigido ejércitos codo a codo durante su juventud. Sin embargo, por desgracia, la reina estaba embarazada durante la campaña militar y le preocupaba que el exceso de trabajo que se le exigía perjudicara al bebé. De hecho, al mes siguiente, Catalina dio a luz a un niño que murió muy poco después de nacer.

El rey Enrique VIII regresó a Inglaterra poco después, tras haber conseguido arrebatar Tournai a Francia. Irónicamente, con la muerte del rey Jacobo IV, la hermana de Enrique, Margarita, se convirtió en regente de Escocia. Salvo por la muerte del recién nacido Príncipe de Inglaterra, fue una época de orgullo y celebración en la corte de los Tudor.

El 18 de febrero de 1516, la reina Catalina dio a luz a una niña sana llamada María. Quiso proporcionar a María las mismas oportunidades que sus propios padres le habían dado, lo que significaba una educación más completa que la que recibían las niñas de la época en Inglaterra. Catalina comenzó a visitar centros educativos como la Universidad de Oxford y a realizar generosas donaciones. Su convicción de que las niñas debían recibir una buena educación se extendió por toda Inglaterra y se convirtió en objeto de literatura y debate.

Mientras Catalina dedicaba su tiempo a María, Enrique VIII se relacionaba con varias amantes. Una de ellas, Elizabeth Blount, dio a luz a un niño sano en 1519. Aunque el niño era ilegítimo, se habló de que podría convertirse en el próximo rey de Inglaterra si su padre decidía reconocerlo oficialmente. Entusiasmado ante la perspectiva de un hijo sano, Enrique VIII reconoció que el joven Enrique era de su progenie y se aseguró de que estuviera bien cuidado. De hecho, fue el propio rey quien llamó al niño Enrique Fitzroy, que literalmente significa "Enrique hijo del rey". Catalina se sintió profundamente herida y avergonzada por la noticia. En 1519 ya tenía 34 años y no se esperaba que tuviera más hijos reales.

El rey Enrique VIII comenzó a alejarse de la reina Catalina tras el nacimiento de Enrique Fitzroy y, avergonzada, ella hizo poco por luchar por su atención. En 1525, el rey no solo había iniciado un romance con la dama de compañía de su esposa, Ana Bolena, sino que se había enamorado desesperadamente de ella. Ana, por su parte, le dijo al rey que no mantendría relaciones sexuales con él si no se casaban. Frustrado, Enrique siguió enviando a la joven cartas de amor y costosos regalos.

Catalina comenzó a cenar sola, muy a su pesar, pues Enrique ya no la acompañaba y su hija de nueve años, la princesa María, había sido enviada al palacio de Ludlow para establecer su propia corte.

Capítulo 5 – La amante Elizabeth Blount

Conocida en la corte como "Bessie Blount", Elizabeth nació alrededor del año 1500 y era hija de John Blount y Catherine Pershall. De joven llegó a la corte como dama de compañía de la reina Catalina de Aragón. Siendo siete u ocho años menor que el rey, Bessie llamó la atención del monarca, con quien se embarcó en una relación que sería bastante importante, de al menos cinco años de duración.

La joven era bonita, atractiva y quince años más joven que la reina Catalina. Rubia y de ojos azules, le gustaba bailar, cantar y montar a caballo, afición que compartía con el joven rey. Aunque aparentemente Enrique seguía satisfecho con su matrimonio, al menos en el sentido teórico y político, no tenía ningún problema en buscar la compañía de otras mujeres. De hecho, buscar amantes entre las damas que servían a su reina se convertiría en un hábito por el resto de su vida.

El amorío fue bastante silencioso, especialmente comparado con las posteriores aventuras amorosas de Enrique, y es posible que la reina no lo supiera, al menos hasta que la amante del rey quedó embarazada. Bessie descubrió que estaba embarazada a principios de

1519 y fue enviada fuera del palacio real para dar a luz en junio. El bebé fue Enrique Fitzroy.

Por su parte, Enrique VIII fue amable con lo referente al nacimiento y la madre soltera. Se aseguró de que Bessie y el niño estuvieran seguros y cómodos y llegó a reconocer oficialmente su paternidad del pequeño Enrique, dándole el título de lord de Richmond. Sin embargo, la relación amorosa llegó a su fin, ya que Bessie no podía seguir sirviendo en la corte con un bebé. El rey Enrique estableció una renta anual de 200 libras y una propiedad para Bessie y la preparó para casarse con Gilbert Tailboys, otro aristócrata cuyo sustento dependía ahora de la bondad de la corona.

Sin embargo, antes del matrimonio con Tailboys, Bessie dio a luz a su segundo hijo, una niña llamada Elizabeth. Aunque Elizabeth tomaría el apellido de Gilbert Tailboys después de 1522, es muy probable que esta niña también fuera engendrada por el rey de Inglaterra. Sin embargo, dada la indiferencia de Enrique Tudor hacia su descendencia de sexo femenino, nunca reconoció a Elizabeth públicamente ni intentó prepararla para el trono.

Puede parecer que Enrique tuviera un corazón frío por no haber mantenido a su amante y a sus hijos cerca, pero el rey se preocupó lo suficiente como para dar a Bessie, al joven Enrique y a Elizabeth una vida a la que ninguna otra madre soltera o hijos ilegítimos podía aspirar en aquella época. Tenía un marido, unos ingresos y un lugar donde vivir con seguridad con su hijo y su hija. Bessie y Gilbert se trasladaron a Lincolnshire y tuvieron dos hijos más, pero Gilbert murió en 1530. En ese momento, Fitzroy estaba enfermando gravemente y el rey Enrique estaba enfocado personalmente en Ana Bolena. Sabiendo que era inútil esperar que el rey se casara con ella y legitimara a sus hijos, Bessie se casó con Edward Fiennes de Clinton, doce años menor que ella. Tuvieron otros tres hijos, con lo que la antigua amante del rey fue madre de siete.

El rey Enrique se empeñó en conocer a su hijo ilegítimo, por lo que siguió viendo a su antigua amante durante años tras su pronta ruptura. Llevaba regalos para el niño y le concedía más dinero a Bessie siempre que lo considerara oportuno. El joven Enrique escribía a su padre real con frecuencia, agradeciéndole los regalos y pidiendo siempre su bendición. Ambos mantuvieron un estrecho contacto, no por manipulaciones de la madre, sino por el puro deseo de Enrique Tudor de conocer a su hijo y asegurarse de que creciera bien.

Además de regalos frívolos, el rey proporcionó a su hijo tutores profesionales para que el joven Enrique aprendiera a leer y escribir en inglés, latín y francés. El tutor elegido personalmente por el rey Enrique fue John Palsgrave, un inglés que había sido educado en Londres y París. Además de un maestro dedicado, al niño también se le nombró su propio consejo, también elegido por el rey. El niño recibió todo esto como si estuviera siendo preparado para convertirse en el heredero oficial del rey.

El rey Enrique no se conformó con depositar todas sus esperanzas de sucesión real ni en María ni en su hijo ilegítimo, por lo que volvió a casarse en 1533 a pesar de haber tenido ya un posible heredero varón. Fitzroy se enfrentó a problemas de salud durante varios años, pero parecía lo suficientemente fuerte como para seguir luchando contra la enfermedad y recuperar la buena salud. Sin embargo, en julio de 1536 esa lucha terminó y el único hijo del rey murió. Lo más probable es que muriera de tuberculosis, pero algunos tienen la teoría de que el niño contrajo una cepa de la peste. Fue enterrado en el priorato de Thetford, en Norfolk, pero tras la Reforma su tumba encontró un hogar permanente en la iglesia de San Miguel, en Suffolk.

Durante el breve mandato de Ana de Cléveris como esposa del rey Enrique, Bessie volvió a la corte inglesa para servir a la nueva reina. Por desgracia, su servicio fue tan breve como el de Ana porque ya no gozaba de buena salud. Solo tres años después de la muerte de su primogénito, Elizabeth Blount murió poco después de dar a luz a su séptima hija, Margaret Clinton. Se calcula que tenía 42 años y que había vivido hasta una edad muy buena para la época. Gran parte del lujo y la comodidad que disfrutó a lo largo de su vida se debieron a su estrecha y duradera amistad con el rey Enrique VIII.

Después de haber vivido semejante vida, resulta extraño que no haya información clara sobre el funeral de Bessie o su lugar de sepultura. La mayoría de los historiadores coinciden en que estos detalles se han perdido a lo largo de los siglos. Sin embargo, el cementerio de Santa María y todos los santos de South Kyme, en Lincolnshire, afirma albergar los restos de una de las mujeres más favorecidas por el rey Enrique VIII, Elizabeth Blount Clinton, fallecida el 15 de junio de 1541.

Capítulo 6 – La amante Ana Bolena

Tras la marcha de la corte de Bessie Blount, quien fue la amante de Enrique durante muchos años, el rey comenzó a fijarse en las chicas más atractivas que lo rodeaban en la corte. La que más le gustaba era nada menos que la hermana de su futura reina protestante, Ana Bolena. María, quizás un año o dos mayor que Ana, apareció primero entre las damas de la reina Catalina de Aragón. Nacida en 1501, era 10 años más joven que Enrique. Cuando se conocieron, probablemente tenía 19 años.

María Bolena había tenido una excelente educación que incluía historia, idiomas, lectura, escritura, aritmética, música, costura y bordado, baile, canto, juegos de cartas, caza, equitación y cetrería. Su primer puesto fue el de dama de compañía de María Tudor, hermana del rey, en París. Aunque la hermana de los Tudor regresó a Inglaterra en cuanto murió su marido, el rey francés, a María se le permitió permanecer en la corte francesa. Incluso es posible que tuviera un romance con el nuevo rey, Francisco I, un rumor que el monarca no se molestó en desmentir.

María regresó a la corte inglesa en 1519, el mismo año en que Elizabeth Blount dio a luz a Enrique Fitzroy. Ya era una mujer adulta, pero todavía joven, bonita y muy interesante, dada su amplia educación y el tiempo que pasó en Francia. El rey inglés usó sus encantos para tener un lugar en el corazón de María, pero no quería quedarse con otra madre soltera como resultado de una aventura. Tal vez por esta razón, Enrique presionó a María Bolena para que se casara con uno de los miembros de su consejo, William Carey. El matrimonio se celebró a principios de 1520 y a partir de entonces, Carey disfrutó de varios regalos del rey que incluían tierras y dinero.

Hay tan pocos detalles concretos en torno a la vida de María Bolena que es fácil pasarla por alto, pero todos los historiadores están de acuerdo en que tuvo un romance explícito con el rey Enrique VIII en algún momento de la década de 1520. Se desconoce si fue antes de la boda, después de la boda o en ambos casos. Lo que los investigadores sí saben, sin embargo, es que el suyo no fue un romance duradero, aunque la paternidad de los hijos de María (llamados ostensiblemente Catalina y Enrique) siempre ha estado en duda.

William Carey murió de la enfermedad del sudor inglés en 1528, lo que dejó a María libre para volver a casarse con William Stafford en 1534. Ese matrimonio no fue autorizado por el rey, hecho que Enrique se tomó muy en serio. Furioso, le cortó su salario anual y la desterró de la corte. Sin embargo, María creyó en su segundo matrimonio, el cual era puramente por amor. No obstante, la pareja tenía deudas y solo unos pequeños ingresos, por lo que la antigua amante del rey escribió al consejero preferido de Enrique, Thomas Cromwell, y le suplicó que hablara en su nombre ante Enrique para que no acabara en la indigencia.

Esta carta es la prueba más importante que dejó María Bolena de su vida:

"Maestro Secretario,

Después de mis pobres recomendaciones, que son poco consideradas viniendo de mí, que soy una pobre criatura desterrada, esto será para desearos que seáis buenos con mi pobre marido y conmigo. Estoy segura de que no os es desconocida la gran desaprobación que tanto él como yo tenemos, tanto de la alteza del rey como de la excelencia de la reina, por nuestro matrimonio sin su conocimiento, en el que ambos nos rendimos defectuosos, y reconocemos que no hicimos bien en ser tan precipitados ni tan atrevidos, sin su conocimiento. Pero una cosa, buen señor secretario, considere que él era joven y que el amor venció a la razón; y por mi parte vi tanta honestidad en él, que le amé tanto como él a mí, y estaba esclavizada, y me alegré de pronto poder estar en libertad; de modo que, por mi parte, vi que todo el mundo se fijaba tan poco en mí, y él tanto, que pensé que no podía tomar un mejor camino que el de tomarle y abandonar todos los demás caminos, y vivir una vida humilde y honesta con él. Y así no pongo en duda que debamos, si una vez fuésemos tan felices de recuperar el gracioso favor del rey y de la reina. Porque bien podría haber tenido un hombre más grandioso de nacimiento y más elevado, pero os aseguro que nunca podría haber tenido uno que me amara tan bien, ni un hombre más honesto; y además de eso, él es de una estirpe antigua, y de nuevo tan apto (si fuera del placer de su gracia) para servir al rey, como cualquier joven caballero de su corte.

Por lo tanto, buen señor secretario, esta será mi demanda a vos, que, por el amor que bien sé que tenéis a toda mi sangre, aunque, por mi parte, no lo he merecido más que mezquinamente, a causa de mis viles condiciones, para poner a mi marido a la gracia del rey para que cumpla con su deber como todos los demás caballeros. Y, buen señor secretario, demandad por nosotros a la alteza del rey, y suplicadle a su alteza, que siempre ha tenido la costumbre de ser piadoso, que se apiade de nosotros; y que le plazca a la gracia de su bondad hablar a la excelencia de la reina por nosotros; porque, por lo que puedo percibir, su excelencia está tan altamente disgustada con nosotros dos que, sin que el rey sea tan buen señor con nosotros como para retirar su rigor y demandar por nosotros, nunca podremos recuperar el favor de vuestra excelencia: lo cual es demasiado pesado de soportar. Y viendo que no hay remedio, por Dios ayudadnos; pues ya llevamos un cuarto de año de casados, doy gracias a Dios, y ya es demasiado tarde para dar marcha atrás a llamar a eso; por lo que es más dadivoso ayudar. Pero si tuviera libertad y pudiera elegir, os aseguro, señor secretario, en este poco tiempo, he procurado ser tan honesta en él, que antes mendigaría mi pan con él que ser la mayor reina de la cristiandad. Y creo en verdad que él está en el mismo caso que yo; pues creo en verdad que no me abandonaría para ser rey.

Por lo tanto, buen maestro secretario, viendo que estamos tan bien juntos y que tenemos la intención de vivir una vida tan honesta, aunque no sea más que pobre, mostrad parte de vuestra bondad con nosotros, así como lo hacéis con todo el mundo; porque os prometo que tenéis el renombre de ayudar a todos los que tienen necesidad, y entre todos vuestros demandantes me atrevo a decir que no tenéis ningún asunto más digno de lástima que el nuestro; y por lo tanto, por Dios, sed bueno con nosotros, porque en vos está toda nuestra confianza.

Y os suplico, buen señor secretario, que roguéis a mi lord mi padre y a mi señora que sean tan buenos con nosotros, y que me den sus bendiciones y a mi marido su buena voluntad; y nunca desearé más de ellos. También os ruego que deseéis que mi señor de Norfolk y mi lord mi hermano sean buenos con nosotros. No me atrevo a escribirles, pues son tan crueles con nosotros; pero si, con cualquier dolor que pudiera soportar con mi vida, pudiera ganar sus buenas voluntades, os prometo que no hay niño vivo que se aventuraría más que yo. Y así os ruego que os informéis por mí, y encontraréis que mi escrito es verdadero, y que en todos los puntos en que pueda complacerles estaré dispuesta a obedecerles junto a mi marido, con quien tengo más obligaciones; os ruego de corazón que seáis buenos con él, que, por mí, es ahora un pobre desterrado por una causa honesta y piadosa. Y al ver que he leído en libros antiguos que algunos, por causas tan justas, han sido perdonados por reyes y reinas por la demanda de gente buena, confío en que será nuestra oportunidad, por vuestra buena ayuda, de lograr lo mismo; como sabe Dios (el Señor), que os envía salud y alivio para el corazón. Garabateado con su mano enferma, que es vuestra pobre y humilde demandante, siempre a la orden,

Mary Stafford.

Sea entregado esto al muy venerable y singular buen amigo, maestro secretario de la alteza del rey".

María Bolena no pudo calentar el corazón del rey que una vez la amó, aunque la reina Ana Bolena se las arregló para enviar dinero y una copa de oro para ayudar con los gastos. María nunca regresaría del campo y probablemente nunca volvió a ver a su hermana.

Capítulo 7 – Ana Bolena

El objeto del afecto del rey Enrique VIII nació en el seno de una familia noble y rica alrededor del año 1501. Como no se conservan registros eclesiásticos de su nacimiento, los estudiosos no se ponen de acuerdo sobre el año y la fecha exactos, y el rango del año de nacimiento estimado de Ana se extiende desde 1501 hasta 1507. Tenía una hermana algo mayor llamada María y un hermano menor llamado Jorge. Su padre, Tomás Bolena, había sido uno de los lingüistas y diplomáticos favoritos del rey Enrique VII y disfrutó de muchos cargos y títulos bajo el mandato de Enrique VIII.

Con sus antecedentes familiares, era natural que a las jóvenes Ana y María se les ofreciera un puesto en la corte inglesa para servir a la reina de Inglaterra, Catalina de Aragón. Sin embargo, Ana se incorporaría primero a la corte francesa antes de servir a su propia reina. Cuando la hermana del rey Enrique VIII, María Tudor, fue enviada a Francia para casarse con el rey Luis XII, Ana fue requerida por su padre Tomás para asistirla en París. Solo tres meses después de la boda real, el anciano rey francés murió. María Tudor se casó en secreto con el buen amigo de su hermano, Charles Brandon, y regresó a Inglaterra. Ana Bolena no acompañó a la comitiva real, sino que permaneció en la corte francesa al servicio de la reina adolescente Claudia.

En siglos anteriores era habitual que las reinas y princesas estuvieran acompañadas por un séquito de cinco o seis damas nobles, pero en la época de los Tudor ese número había aumentado hasta al menos una docena. Se esperaba que niñas nobles como María y Ana se unieran a la corte a la edad de 12 años aproximadamente, sirviendo como doncellas menores antes de cumplir los 16 años y convertirse en damas de honor. El término "dama de compañía" servía para generalizar los distintos trabajos y títulos de estas sirvientas. Su trabajo consistía principalmente en hacer compañía a la reina y asegurarse de que nunca se le obligara a realizar nada parecido a un trabajo físico. Esto último incluía asegurarse de que no hiciera tareas como vestirse y desvestirse, usar el lavabo sola, bañarse y peinarse. Lo ideal era que una joven o mujer de la realeza desarrollara una estrecha amistad con sus criadas.

Ana había estudiado las materias habituales que una chica de su época debía estudiar en Inglaterra: latín, canto, baile y música. Su educación se consideraba buena para una niña, pero se amplió mucho mientras servía durante un año en la corte de Margarita de Austria, en un principado del sur de los Países Bajos. Margarita contrató a un tutor para que ayudara a la joven Ana Bolena a perfeccionar sus conocimientos de francés, lo que le sirvió a la muchacha cuando se trasladó a París al año siguiente. La corte de Margarita tenía una gran inclinación artística y disfrutaba de la pintura, la música y los libros ilustrados. Ana se vio muy influenciada por su estancia en el principado holandés, y adquirió un amor por el arte que seguiría creciendo en Francia. Una de sus tendencias favoritas era la de los manuscritos iluminados, también llamados manuscritos ilustrados. Estos libros incluían los tradicionales bloques de texto, rodeados de bordes intrincados y coloreados, detalles e ilustraciones en cada página. Ana hizo que crearan sus propios libros con este estilo, al igual que muchos de sus compañeras cortesanas.

En total, Ana Bolena pasó unos diez años en Francia. Cuando regresó a la corte inglesa para servir a la reina Catalina de Aragón en 1522, podría decirse que era más francesa que inglesa. El papel de Ana en la corte se consideraba uno de los mejores puestos que podía obtener una dama noble. Aunque normalmente no era remunerado, las damas de compañía recibían alojamiento y comida. En particular, su presencia en la corte le daba a Ana y María la oportunidad de hacerse amigas de otras damas de clase alta y conocer a posibles maridos. Sin embargo, en lugar de encontrar solteros, ambas chicas se involucraron con el hombre más inelegible del palacio: el rey.

Antes de divorciarse de la reina Catalina de Aragón, el rey Enrique VIII tuvo un romance con María Bolena. La afición de Enrique de coquetear y tener amantes era bien conocida, y si una dama aceptaba sus insinuaciones, podía esperar recibir regalos y tener un rango elevado. María disfrutó de la atención del rey durante algún tiempo antes de que su mirada errante se fijara en Ana, momento en el que se decidió a seducir a la Bolena más joven.

Como joven noble, atractiva y cosmopolita, Ana se convirtió en un miembro popular de la corte inglesa. Se comprometió con su primo James Butler por voluntad de su familia, pero los dos apenas se hablaban a pesar de estar ambos en la corte. Ana se enamoró del lord de Northumberland, Henry Percy, y ambos decidieron casarse a pesar de los deseos de la familia de Ana.

Los matrimonios nobles requerían el consentimiento del rey, y cuando Enrique VIII se enteró de las intenciones de Percy de casarse con Ana, se negó rotundamente. Poco después, el rey comenzó a perseguir a Ana. Por su parte, Ana rechazó de forma educada los primeros avances del rey. Devolvió las joyas que le regalaba y respondió a sus cartas diciendo que no deseaba ser su amante. Enrique perseveró durante más de un año, escribiendo una carta tras otra al objeto de su afecto mientras tramaba cómo deshacerse de la reina Catalina:

"MI AMANTE Y AMIGA,

mi corazón y yo nos entregamos

a vuestras manos, suplicándoos

nos tenga encomendados a vuestro

favor, y que por la ausencia vuestro

afecto hacia nosotros no se vea disminuido:

pues sería una gran pena que aumentaría

nuestro dolor, de lo cual vuestra ausencia produce

el suficiente y más del que jamás

habría pensado que podría sentirse, recordándonos un punto de la astronomía que

es el siguiente: cuanto más largos son los días,

más se aleja el sol y sin embargo, más se conserva su calor; lo mismo ocurre con

nuestro amor, pues por la ausencia nos mantenemos

alejados el uno del otro, y sin embargo,

el amor conserva su fervor, al menos

de mi parte; espero lo mismo de la vuestra, asegurándoos que por mi parte el dolor

de la ausencia es ya demasiado grande

para mí; y cuando pienso en el aumento de

lo que me veo obligado a sufrir,

sería casi intolerable,

si no fuera por la firme esperanza que tengo de

vuestro inmutable afecto por mí: y

para recordárselo a veces, y viendo

que no puedo estar personalmente

presente con vos, os envío ahora

> *lo más parecido a eso que puede conseguir, es decir, mi retrato puesto en un brazalete, en todo el artefacto, el cual ya conocéis, deseando estar en su lugar, si eso os placería. Esto es de parte de vuestro leal servidor y amigo,*
>
> *H.R.".*

Eventualmente, Ana cedió y le dio a Enrique una oportunidad: le dijo que no podía involucrarse románticamente con él mientras tuviera una esposa. En ese momento, el rey debió darse cuenta de que tendría que elegir entre una princesa extranjera o Ana Bolena como su próxima esposa. Los contemporáneos y los historiadores han especulado mucho sobre si el padre de Ana tuvo algo que ver con el cambio de postura de Ana hacia el rey.

El padre de las jóvenes, Tomás Bolena, tenía una mente política astuta y podía ver claramente el beneficio para su familia si su hija era capaz de convertirse en la amante del rey a largo plazo. O, mejor aún, la madre de otro hijo. Es posible que Tomás tuviera incluso información privilegiada sobre el complot secreto de Enrique VIII para destituir a Catalina como reina y sustituirla por una mujer más joven y potencialmente más fértil. Sin embargo, las pocas pruebas que quedan de esa época parecen sugerir lo contrario. En una carta de Eustace Chapuys, embajador de Francia en Inglaterra, a Carlos V de Francia, se tocaba el tema del matrimonio propuesto por Enrique VIII con la hija de Bolena:

> *"Debo añadir que el ya mencionado conde de Wiltshire no se ha pronunciado hasta este momento; por el contrario, hasta ahora, como me ha dicho con frecuencia el duque de Norfolk, ha tratado de disuadir al rey del matrimonio más que otra cosa".*

Aunque Ana Bolena era leal a su familia, era una mujer relativamente independiente que tomaba tantas decisiones como le era posible. Lo más probable es que Ana llegara a amar a Enrique Tudor de verdad, tal como él la amaba a ella, y aceptara casarse con él bajo sus propias condiciones.

Capítulo 8 – La Reforma y el divorcio

A finales de la década de 1520, el rey Enrique VIII estaba harto de su matrimonio con Catalina de Aragón. Ya no consultaba a la reina en busca de consejo político o espiritual ni la visitaba. Se mostraba frío y distante, enfocado únicamente en su futuro con Ana Bolena, con quien había decidido casarse. Sin embargo, según la Iglesia católica, el divorcio o la anulación solo podían ser concedidos por el papa. Enrique puso a su equipo de abogados y clérigos a la tarea de convencer al papa en ejercicio de que su matrimonio con Catalina había sido ilegal, ya que la doctrina católica establecía que un hombre no debía casarse con la viuda de su hermano.

Por supuesto, esta cuestión ya había sido resuelta antes de que Catalina y Enrique se casaran. Catalina había jurado que ella y Arturo Tudor no habían consumado su matrimonio y, basándose en esa declaración, ella y Enrique obtuvieron una dispensa papal para seguir adelante con su propia boda. Ahora, Enrique quería deshacer todo eso.

La decisión de Enrique no fue tomada tan a la ligera como pudo parecerle a Catalina; de hecho, había llegado a creer que la falta de herederos varones entre él y su reina se debía a que había tomado ilegalmente a la esposa de su hermano. Esta revelación personal cambió la percepción del rey sobre su familia y causó a Catalina (y a María) un gran dolor. Fue el primer atisbo de una nueva parte del carácter de Enrique VIII, una que llegaría a definirlo.

Enrique y Ana esperaron seis años para obtener el permiso para casarse, mientras Catalina luchaba desesperadamente para hacer que su marido cambiara de opinión. La reina escribió al papa Clemente para exponer su caso, lo que convenció a este de mantener intacto el matrimonio de la pareja real. También escribió a Enrique, que no quiso hablar con ella cara a cara, y le preguntó desesperadamente qué había hecho para ofenderlo tanto.

Enrique respondió en gran medida a través de sus mensajeros y consejeros, comunicando amablemente a Catalina su creencia de que su matrimonio era ilegal e impío. No le deseaba ningún daño ni mal, pero no seguiría siendo su marido.

El 15 de noviembre de 1529, los miembros de la corte fueron testigos de una acalorada discusión entre Enrique VIII y Catalina de Aragón. Enrique mencionó que debido a que la reina había consumado su relación con su hermano Arturo, nunca podrían haber estado realmente casados:

"La Reina respondió que ella mismo, sin ayuda de los doctores, sabía perfectamente que la causa principal alegada para el divorcio no existía realmente, 'cart yl l'avoit trouvé pucelle', [traducción: 'vos me encontrastéis virgen'] como él mismo había confesado en más de una ocasión. 'En cuanto a la opinión de vuestro limosnero en este asunto', continuó, 'no me importa en lo más mínimo; él no es mi juez en el presente caso; es el papa, no él, quien debe decidir. Con respecto a las de otros doctores, ya sean parisinos o de otras universidades, sabéis muy bien que los principales y mejores abogados de Inglaterra han escrito a mi favor. En efecto, si me dais permiso para procurar la

opinión de los abogados en este asunto, no vacilo en decir que por cada doctor o abogado que pueda decidir a vuestro favor y en mi contra, encontraré 1.000 que declaren que el matrimonio es bueno e indisoluble'".

Catalina tenía razón al suponer que ningún abogado o clérigo podría encontrar razones para anular su matrimonio con Enrique. Era una reina muy querida y respetada, y la dispensa papal de Enrique para apartarla de su vida nunca llegaría. En 1533, dejó de esperar a que la autoridad exterior votara a su favor y se casó de todos modos con Ana Bolena. Se rumoreaba que estaba embarazada y, efectivamente, dio a luz a una niña sana solo unos meses después de la boda. La bebé recibió el nombre de Isabel Tudor.

Catalina fue trasladada del palacio de Hampton Court a su propia vivienda, sin poder visitar a Enrique ni a su hija María. María Tudor fue declarada ilegítima y, por lo tanto, ya no era heredera del trono de Inglaterra. Enrique VIII pidió a María que jurara que su madre no era la reina de Inglaterra, a lo que ella se negó. La joven María fue eventualmente acogida de nuevo en la vida de su padre, pero nunca volvería a ver a su madre.

El matrimonio de Enrique VIII con Ana Bolena causó algo más que la ruptura del primer matrimonio del rey. También causó una ruptura entre la propia Inglaterra y el reino católico. Al divorciarse de Catalina y casarse por segunda vez, Enrique había desobedecido directamente al papa y se había esforzado para que su segundo matrimonio fuera aceptado en toda Europa. Sin embargo, el rey era orgulloso y estaba seguro de sí mismo, y en lugar de complacer a las naciones católicas vecinas, hizo que el Parlamento inglés lo declarara Jefe de la Iglesia de Inglaterra. Como tal, toda la doctrina religiosa, la ley, las dispensas y los rituales estaban en manos del rey dentro de su propio reino.

Catalina siguió firmando las cartas como "Catalina la Reina" y pensaba que el matrimonio herético de Enrique con Ana era un disparate. Le escribía a menudo y parecía preocupada por el estado de su alma. Rezaba por él y le aconsejaba que hiciera lo mismo. En cuanto a ella misma, rezaba por la reinserción de su hija María a la línea de sucesión para que su vida estuviera llena de las comodidades y los derechos propios de una princesa de Inglaterra.

La reina depuesta enfermó mucho poco después de ser expulsada del palacio que compartía con Enrique. En el castillo de Kimbolton, en Cambridgeshire, Catalina se debilitó y se aisló. Dejó de recibir la mayoría de las visitas, a excepción de los amigos íntimos que podían recibir y enviar las cartas de María. Tres años después de ser degradada oficialmente a princesa viuda de Gales, el cual había sido su título inglés tras la muerte de Arturo Tudor, Catalina de Aragón pidió la comunión anticipada al obispo de Llandaff y rezó sin cesar hasta su muerte el 29 de enero de 1536. Los procedimientos quirúrgicos realizados durante el embalsamamiento de Catalina revelaron una masa negra adherida a su corazón que podía ser indicativa de un cáncer avanzado.

Fue enterrada en la catedral de Peterborough y a su funeral no asistieron ni María ni Enrique VIII. Catalina se creyó la legítima reina de Inglaterra hasta el fin de sus días:

"En este mundo me confesaré como la verdadera esposa del rey y en el otro, sabrán cuán irrazonablemente afligida estoy".

Capítulo 9 – El matrimonio y la muerte de la reina protestante de Inglaterra

Se cree que el rey Enrique VIII le pidió matrimonio a Ana Bolena en 1527. Esperó la dispensa papal durante seis años antes de tomar cartas en el asunto. En enero de 1533, Ana y Enrique se casaron en secreto. Después de la boda, el parlamento de Enrique no tuvo más remedio que validar el matrimonio y nombrar al rey jefe de la Iglesia de Inglaterra. El reino de Enrique y Ana se separó de la Iglesia católica a partir de ese momento.

El rey quería que su nueva reina fuera querida por toda Inglaterra y respetada en toda Europa. Para ello, organizó una fastuosa coronación de tres días en la Torre de Londres para la reina Ana que comenzó el 29 de mayo de 1533.

El primer día, Ana se vistió de forma lujosa y la llevaron desde el palacio de Greenwich a la Torre de Londres a través del río Támesis. El rey Enrique la recibió allí con una asamblea de funcionarios políticos de Londres. Se dispararon mil cañones en su honor desde la torre, y luego se hizo lo mismo desde algunos de los barcos que la acompañaban en el río. Esa noche permaneció en la torre con

Enrique antes de embarcarse en una procesión real por la ciudad de Londres al día siguiente. Su carruaje estaba cubierto de tela de plata y todas sus damas llevaban vestidos escarlata a juego; desfilaron por la ciudad y se reunieron con el alcalde de Londres, que le entregó a Ana un hermoso bolso en su nombre y en el de los habitantes de Londres. La procesión continuó hasta el palacio de Westminster y Ana pasó allí la segunda noche.

Al tercer día de la celebración, llevaron a Ana a la Abadía de San Pedro. La iglesia estaba repleta de monjes de Westminster, de los lores del parlamento, de obispos, de abades y de todos los nobles de la corte inglesa y de los alrededores. Antes de que Ana entrara a la abadía, el Duque de Suffolk y dos condes designados llevaron su corona y sus cetros. Ana entró bajo un dosel dorado, con un vestido carmesí con terciopelo púrpura y armiño. Su cabello castaño estaba adornado con una corona de oro y perlas.

La ceremonia fue oficiada por el arzobispo de Canterbury y el arzobispo de York, con Ana Bolena sentada en un trono elevado frente al altar. La congregación celebró una misa y luego se trasladó al salón Westminster, donde la nueva reina fue coronada y se le entregaron los dos cetros de su cargo real. Cuando la ceremonia concluyó y ella se había convertido en la reina oficial de Inglaterra, Ana fue conducida por su padre, el lord Wiltshire, al banquete de celebración. Se sentó en un estrado alto frente a varias mesas decoradas suntuosamente y varios miembros de la nobleza le sirvieron.

El reino no estaba tan abrumado por los encantos de Ana como el rey esperaba. A pesar de toda la fastuosidad y las condiciones de su coronación, el pueblo de Inglaterra le seguía siendo bastante leal a Catalina de Aragón. Sin embargo, los ingleses aceptaron que Ana Bolena fuera reina, lo cual era más de lo que podía decirse del resto de Europa. En España, Francia y el Sacro Imperio Romano Germánico, Catalina seguía siendo considerada la reina oficial de

Inglaterra, mientras que Ana y el rey Enrique eran señalados como herejes por un continente mayoritariamente católico.

La nueva reina era considerablemente diferente de lo que había sido Catalina de Aragón. Era protestante y apoyaba la reforma religiosa del rey; también era más joven y estaba muy interesada en las artes y la moda francesas. Los vestidos de Ana tenían mangas largas puntiagudas y escotes cuadrados, y prefería los tocados redondeadas a las los tocados ingleses de forma cuadrangular. Se empeñaba en llevar siempre el color verde y utilizar perlas en algún lugar de su atuendo, ya que eran sus favoritas. Muchas de sus damas de honor empezaron a usar perlas y a copiar el estilo de vestir de Ana, que era popular desde que empezó a servir en la corte en 1522.

La moda no fue lo único que cambió en el palacio de Enrique una vez que Ana se instaló formalmente en él. Introdujo la música y el baile de estilo francés en la corte e hizo que muchos amigos y cortesanos se unieran a la nueva tendencia. Ana creó sus propios pasos de baile, que enseñó a sus damas y que interpretó con ellas durante las fiestas.

Ana no fue precisamente muy bien recibida en su país o en el extranjero como reina de Inglaterra, pero confiaba en su matrimonio y actuó de forma espléndida. Ya estaba embarazada cuando se casó con el rey, y su primera hija nació el 7 de septiembre de 1533. El primer bebé de la pareja real fue una niña sana, llamada Isabel Tudor. En el transcurso de los tres años siguientes, Ana se quedó embarazada al menos dos veces más, pero ambos embarazos acabaron en un aborto espontáneo o en el parto de un feto muerto. Muchos creen que el último ocurrió el mismo día del funeral de Catalina de Aragón: el 29 de enero de 1536. La fecha del aborto espontáneo puede haber sido unas semanas más tarde, pero en cualquier caso, el mortinato era un bebé varón.

Aunque el rey Enrique VIII era notoriamente impaciente con respecto a los herederos varones, su matrimonio con Ana solo llevaba tres años en ese momento y había pocos indicios serios de que Ana estuviera en peligro. Sin embargo, el rey se había fijado en Juana Seymour mientras visitaba la casa de su familia por motivos de trabajo en 1533 y era claramente consciente de su presencia en la corte al año siguiente cuando ya estaba al servicio de la reina Ana.

Mientras la reina de Inglaterra descansaba y se recuperaba de su aborto, el rey se volvió estricto y decisivo; declaró que Ana había utilizado artimañas para seducirle y que había terminado con ella. Con Ana en su lecho de enferma, ignorando por completo estos acontecimientos, Enrique colocó a Juana Seymour en los aposentos reales. Ni siquiera cuatro meses después Ana sería ejecutada por deseo de su amado esposo. Ni los amigos contemporáneos de Enrique VIII ni los historiadores de talla mundial pueden interpretar las razones exactas del rey para arruinar la reputación de la reina y acabar con su vida, pero se ha especulado mucho al respecto. La muerte de su hijo no nacido se considera un factor primordial en el trato que Enrique dio a la mujer con la que cambió Inglaterra para casarse, pero también lo es la intromisión de Thomas Cromwell.

Thomas Cromwell había sido una figura crucial en el plan para expulsar a Catalina de Aragón de la corte y sustituirla por Ana Bolena; sin embargo, no permaneció fiel a su elección de reina. Cromwell y Ana estaban en desacuerdo cuando se trataba de las normas administrativas de la nueva Iglesia de Inglaterra, principalmente porque Ana quería que los ingresos de la iglesia se utilizaran para la educación y la caridad. Cromwell quería utilizar el dinero de la iglesia para enriquecer las arcas reales y, por supuesto, quería un porcentaje para él. Mientras la reina y el consejero más cercano a Enrique discutían, este último comenzó a conspirar con el embajador francés, Eustace Chapuys, para que la corte inglesa se librara de Ana. No era un movimiento sin precedentes por su parte, aunque necesitaba la aprobación de Enrique para actuar con rapidez.

En abril, un músico llamado Mark Smeaton, empleado de Ana Bolena, fue arrestado bajo la sospecha de tener una aventura con ella. Él negó la acusación, sin embargo, después de haber sido encarcelado y torturado durante algún tiempo, confesó. Un miembro de la nobleza, Henry Norris, fue detenido bajo la misma acusación, al igual que sir Francis Weston, sir Richard Page y William Brereton. El arresto más impactante fue el de Jorge Bolena, el propio hermano de Ana. Fue acusado de incesto y traición.

El 2 de mayo de 1536, la misma Ana Bolena fue arrestada y acusada de traición al rey, aunque no se le explicaron los cargos. Fue llevada a la Torre de Londres a través del río Támesis, y una vez dentro de la torre se derrumbó, preguntando inmediatamente dónde estaban su padre y su hermano y de qué se la acusaba.

De la época de los Tudor se conserva una carta que, según se dice, es el último mensaje de Ana a Enrique VIII, aunque su propietario contemporáneo atribuyó las inexactitudes del escrito al hecho de que fue copiado por Cromwell:

"Sir, el descontento de vuestra excelencia y mi encarcelamiento son cosas tan extrañas para mí, que ignoro por completo qué escribir o qué disculpar, mientras que me enviasteis (deseando que confesara una verdad y obtuviera así vuestro favor) por medio de alguien que sabéis que es mi antiguo y declarado enemigo; apenas recibí el mensaje por él, concebí correctamente vuestro significado; y si, como decís, confesar la verdad podría realmente procurar mi seguridad, cumpliré con toda voluntad y deber vuestro mandato.

Pero no permita nunca que su excelencia imagine que su pobre esposa será llevada a reconocer una falta que ni siquiera pensó en ella. Y a decir verdad, nunca el príncipe tuvo una esposa más leal en todos los deberes y en todo el afecto verdadero que la que habéis encontrado en Ana Bolena, con cuyo nombre y lugar podría haberme contentado de buena gana, como si Dios y el placer de vuestra excelencia hubieran estado tan satisfechos. En ningún momento hasta ahora me forjé tanto en mi exaltación, ni recibí el título de reina, sino que siempre busqué una alteración como la que ahora encuentro; pues no estando el fundamento de mi preferencia sobre una base más segura que la del capricho de vuestra excelencia, la menor alteración, sabía, era adecuada y suficiente para llevar ese capricho hacia otro tema.

Me habéis elegido, desde una condición humilde, para ser vuestra reina y compañera, mucho más allá de mi deseo. Si me considerasteis digna de tal honor, vuestra excelencia, no dejéis que ningún capricho ligero o mal consejo de mis enemigos me retire vuestro favor principesco; ni dejéis que esa mancha, esa indigna mancha de un corazón desleal hacia vuestra buena excelencia, arroje jamás una mancha tan sucia sobre vuestra más obediente esposa y la princesa infante vuestra hija:

Juzgadme, buen rey, pero dejadme tener un juicio legal y no dejéis que mis enemigos jurados se sienten como mis acusadores y jueces; sí, dejadme tener un juicio abierto, pues mi verdad no temerá ninguna vergüenza abierta; entonces veréis, o bien mi inocencia aclarada, vuestra sospecha y conciencia satisfechas, la ignominia y calumnia del mundo detenidas, o mi culpabilidad declarada abiertamente. De modo que, sea lo que sea lo que Dios o vos determinéis de mí, vuestra excelencia podrá librarse de una censura abierta; y estando mi ofensa tan legalmente probada, vuestra excelencia está en libertad, tanto ante Dios como ante los hombres, no solo de ejecutar un castigo digno sobre mí como esposa ilegal, sino de seguir vuestro afecto ya establecido en esa parte, por cuya causa estoy ahora como estoy, cuyo nombre pude señalar hace algún tiempo: no ignorando vuestra excelencia mi sospecha al respecto.

Pero si ya os habéis decidido por mí, y que no solo mi muerte, sino una infame calumnia debe traerte el disfrute de vuestra deseada felicidad, entonces deseo a Dios que perdone vuestro gran pecado en ello, y también a mis enemigos, los instrumentos del mismo; que no os pida cuentas estrictas por el uso cruel y poco noble que habéis hecho de mí, en su Tribunal General, donde tanto vos como yo *debemos comparecer en breve, y en cuyo juicio, no dudo (sea lo que sea lo que el mundo piense de mí) mi inocencia será abiertamente conocida y suficientemente aclarada.*

Mi última y única petición será que solo pueda soportar la carga del disgusto de vuestra excelencia, y que este no afecte a las almas inocentes de esos pobres caballeros, que (según tengo entendido) también están encarcelados por mi causa. Si alguna vez he encontrado favor en vuestra vista, si alguna vez el nombre de Ana Bolena ha sido agradable a sus oídos, entonces permítame obtener esta petición, y dejaré de molestar a vuestra excelencia con mis más sinceras oraciones a la Trinidad para que tenga a vuestra excelencia bajo su custodia y le dirija en todas sus acciones.

Vuestra más leal y siempre fiel esposa, Ana Bolena

Desde mi triste prisión de la Torre, este 6 de mayo".

Todos los acusados fueron declarados culpables, incluyendo a la reina y su hermano, y condenados a ser ejecutados. Según la ley vigente, una reina declarada culpable de adulterio debía ser quemada viva. Enrique pidió que Ana fuera decapitada en su lugar, e hizo traer a un verdugo especial desde Francia para que hiciera el trabajo con una espada en lugar del hacha tradicional. El día antes de la ejecución de Ana, Thomas Cranmer declaró nulo el matrimonio entre ella y Enrique Tudor.

Ana subió al cadalso el 19 de mayo de 1536, vestida como una reina. Llevaba un vestido de damasco gris oscuro con una enagua rojo escarlata debajo. Llevar un toque de rojo vibrante y desafiante mientras se enfrentaba a la ejecución era algo que harían también María Estuardo, reina de Escocia, y María Antonieta, reina de Francia. El rojo, aunque simboliza el martirio, era una forma sutil de mostrar la inocencia de la persona al enfrentarse a la muerte. Llevaba un tocado inglés rígido en lugar de su acostumbrado tocado francés. Se quitó la capa de armiño y el tocado, metió el pelo dentro de un pequeño gorro y dejó que una de sus criadas le atara una venda en los ojos. Se arrodilló, rezó y fue asesinada de un golpe con la espada del francés.

Capítulo 10 – La amante Mary Shelton

Mary Shelton era la hija menor de John y Anne Shelton, y una de los diez hijos que vivían con sus padres en Sheldon Hall, en Norfolk. Su madre, Ana, era institutriz de la princesa María Tudor, la primera hija del rey con Catalina de Aragón. Era una relación tensa, ya que Shelton tenía instrucciones estrictas de no dejar que la niña se llamara a sí misma "princesa" tras la Reforma. Los consejeros del rey Enrique VIII no querían que María creciera considerándose una heredera real y privilegiada. Animaron a Ana a castigar físicamente a la joven María si se refería a sí misma como princesa.

El empleo de Ana en la familia real fue beneficioso para todos sus hijos. Cuando sus hijas alcanzaron la edad suficiente, las integraron fácilmente como damas de compañía a la corte real. María, nacida en algún momento entre 1510 y 1520, entró en la corte de Enrique Tudor para servir a la reina Ana, la reina protestante, poco después de su matrimonio con Enrique VIII. La joven era considerada por sus amigos y compañeros como una chica hermosa, culta y con talento. Como eran primos hermanos de la reina, su familia era partidaria del movimiento reformista, lo que significaba que Mary entendía gran parte de la doctrina de la nueva Iglesia de Inglaterra. Esto podría ser lo que hizo que se ganara la simpatía del rey, aunque lo más probable es que su buena apariencia y su popularidad fueran lo que más llamó la atención de Enrique.

Hay mucha confusión sobre la identidad de Mary (y Margaret) Shelton. Parece ser que tenía una hermana con el mismo nombre, Margaret, o que ella misma también se llamaba Madge. La mayoría de los historiadores coinciden en que hubo dos Shelton, aunque es difícil decir con convicción cuál fue la más cercana al rey Enrique. Las investigaciones más actuales concluyen que la joven en cuestión era efectivamente Mary Shelton, mientras que Margaret o "Madge" Shelton estaba más cerca de la reina Ana.

Mary no solo era una ávida lectora, sino también una escritora de poesía. Le encantaban los versos románticos e incluso colaboró con otras chicas para crear un libro de poemas y cartas llamado el Manuscrito de Devonshire. Este libro era una recopilación de escritos románticos clásicos copiados en su totalidad o en extractos, pero también contenía obras nuevas escritas presuntamente por Mary Shelton, Margaret Douglas y Mary Fitzroy, quienes servían a la reina Ana Bolena.

El Manuscrito de Devonshire tuvo un gran éxito entre los cortesanos de Enrique, que disfrutaban leyendo los versos y adivinando quién podría haber escrito las entradas anónimas. El texto, vivaz y emocionante, llamó sin duda la atención del rey, ya que este amaba la literatura y, sobre todo, el romance. La participación de Mary en el popular libro probablemente hizo que el rey se encariñara aún más con la atractiva dama de compañía.

Algunas teorías han llegado a sugerir que la propia Ana Bolena persuadió a Mary para que mantuviera una relación sexual con el rey Enrique VIII, aparentemente en un intento de Ana de tener a una amiga empática cerca del rey. Esta teoría puede tener algo de verdad. Cuando Mary y Enrique comenzaron su romance, la relación entre el rey y la reina se había resentido debido a los múltiples abortos de Ana y a los constantes infidelidades de Enrique. Como amiga y miembro de la familia, Ana pudo haber creído que era mejor tener a alguien que pudiera controlar en la cama de Enrique que a una extraña. Si esta era su estrategia, fracasó. Solo unos meses después de que Mary y Enrique se relacionaran románticamente, Ana Bolena fue condenada a muerte.

Las ejecuciones de esa primavera parecen haber puesto fin a la relación de Enrique y Mary. No hay registros disponibles que sugieran por qué su relación se detuvo, pero ciertamente fue una época tumultuosa para todos los cercanos al rey. La hermana de Mary, Margaret, sufrió mucho con las acusaciones hechas contra su reina, ya que también implicaban a su prometido. Henry Norris, un ávido deportista y amigo íntimo del rey Enrique, fue probablemente emparejado con Margaret Shelton por el propio rey. Sin embargo, cuando el rey necesitó que se arruinara la reputación de su esposa, Norris fue acusado de adulterio. Él insistió en que era inocente, al igual que ella, pero ambos fueron declarados culpables y ejecutados por adulterio y traición en la primavera de 1536.

Debió ser un momento aterrador para Margaret, y también para su hermana Mary. Aunque prácticamente todos los cortesanos estaban a merced de los caprichos del rey Enrique, ella debió preguntarse si sería mejor para ella alejarse de Enrique o corresponder y animar su deseo. Tal vez él mismo optó por poner fin a la aventura, ya sea por su cercanía a la reina o simplemente porque su mente estaba ocupada con muchos otros asuntos. Lo más probable es que el rey hubiera decidido elegir a otra mujer para ser su próxima esposa y estuviera ocupado poniendo en marcha ese plan.

Es difícil determinar la forma en que Enrique se vio afectado por la ejecución de una mujer a la que sin duda había amado en el pasado, sobre todo porque su comportamiento continuó de manera habitual durante todo el año 1536. Su romance con Mary no era una situación nueva para el rey, como tampoco lo era su frustración con una reina que había dado a luz a una niña y que luego había sufrido múltiples partos de fetos muertos y abortos espontáneos. Sin embargo, fue la primera vez que el rey estaba tan desesperado por deshacerse de una esposa que hizo que la acusaran y ejecutaran. Esto, al igual que su fascinación por las damas de compañía de la corte, resultaría ser otra tendencia que mantendría por el resto de su vida.

Mary Shelton escapó de la ira del rey y sus consejeros, mientras que muchas otras mujeres y hombres no tuvieron tanta suerte. La fascinación de Enrique se desvió de ella hacia Juana Seymour, otra dama de la corte, y Mary quedó misericordiosamente sin cargos. Diez años después de la ejecución de la reina Ana Bolena, Mary Shelton se casó con Sir Anthony Heveningham y la pareja tuvo cinco hijos juntos. Al menos una de sus hijas, Abigail Heveningham, atendió a la reina Isabel I en 1588. Su marido falleció antes que ella, y Mary se casó por segunda vez en 1557 con Philip Appleyard. Ella y Heveningham se consideran antepasados directos de Diana, la princesa de Gales.

Capítulo 11 – El cortejo de Juana Seymour

No era ningún secreto que el nuevo enamoramiento de Enrique VIII era Juana Seymour. De hecho, esto se mencionó en la última carta de Ana Bolena a su marido antes de que este ordenara su ejecución por traición. Para el día de la muerte de Ana, el rey ya llevaba tiempo enamorado de su dama de honor, y el romance era tan conocido que los londinenses cantaban rimas groseras sobre la relación de Juana y Enrique. Al rey le preocupaba que su amante se sintiera insultada y escandalizada por tales cosas, así que le escribió inmediatamente sobre el tema:

"Mi querida amiga y amante,

El portador de estas pocas líneas escritas por vuestro devoto servidor entregará en vuestras hermosas manos una muestra de mi verdadero afecto por vos, esperando que la guardéis para siempre en vuestro sincero amor por mí. Os anuncio que recientemente se ha hecho una balada de gran burla contra nosotros, que si se difunde de forma amplia y es vista por vos, os ruego que no le hagáis ningún caso. Por el momento no estoy informado de quién es el autor de este escrito maligno, pero si se le descubre será castigado severamente por ello. En cuanto a las cosas que os faltan, he dispuesto que mi lord os las proporcione tan pronto como pueda comprarlas. Esperando, pues, recibiros pronto en estos brazos, me despido por el momento, vuestro afectuoso servidor y soberano,

H. R.".

Se calcula que Juana Seymour nació en 1509, el mismo año en que fue coronado el rey Enrique VIII. Como gran parte de la nobleza, Juana estaba emparentada con el rey a través de un antepasado común, el rey Eduardo III. Enrique y Juana eran primos quintos; esta última también estaba emparentada lejanamente con Catalina de Aragón y Ana Bolena. Hija del medio de diez hermanos, Juana recibió una educación tradicional para una mujer de su época. Sabía leer y escribir su propio nombre, pero nada más. En lugar de la literatura y la historia, como la reina Catalina, o artes y moda, como la reina Ana, los intereses de la reina Juana se centraban en las artes domésticas como el bordado y la organización del hogar.

Juana era tan diferente de la reina Ana Bolena que se dijo que fue elegida por Enrique precisamente por su marcado contraste con la reina depuesta. Nunca se la describió como una muchacha hermosa, como todas las demás con las que Enrique se relacionó, sino más bien como dócil, tranquila, pálida y sencilla. No era la chica vivaz y testaruda que había sido Ana, sino una amante servil inclinada a hacer lo que se esperaba de ella. Algunos incluso comentaron que parecía bastante aburrida y poco inteligente, pero dado el encanto, la educación y el intelecto de Enrique, parece poco probable que eligiera a alguien menos intuitiva y perspicaz como compañera.

No es posible saber con exactitud cuál era el carácter de Juana Seymour, ni lo que pasó por su mente durante el torbellino de compromisos y matrimonios de 1536, pero debió saber inmediatamente cuándo se despertó el interés de Enrique. Tal vez no sabía si él pretendía hacerla su amante o casarse con ella, pero en cualquier caso conocía los peligros potenciales. Convertirse en la amante de Enrique significaba probablemente regalos en forma de tierras y dinero, así como un rápido matrimonio con alguien amigo del rey. Convertirse en su reina, por otro lado, significaba hacerse responsable de dar a luz a un heredero varón, y si se mostraba incapaz de tal responsabilidad, pagar el precio final.

Juana Seymour probablemente actuó según lo que creía necesario para sobrevivir. Después de todo, fue criada como miembro de la iglesia reformada y había servido a dos reinas Tudor antes de llamar la atención de Enrique por sí misma. Había visto el fracaso del matrimonio de Catalina de Aragón, así como los apresurados altibajos del matrimonio de Ana Bolena. Probablemente, Juana era perfectamente consciente de lo que se necesitaba de ella como consorte de Enrique y de lo que podía ocurrirle si no actuaba en consecuencia.

Es posible que la familia de Juana haya hecho su parte para empujar a Juana a los brazos del rey. Los Seymour eran una familia importante y cercana a la corona. Como sabían o que Ana había perdido el favor de Enrique, el padre y el hermano de Juana creyeron que podían proporcionar al rey una pareja nueva y más apropiada. El escudo de la familia, en el que figuraba un orgulloso pavo real, fue cambiado repentinamente por un ave fénix. Evidentemente, los Seymour no querían que nada parecido al orgullo o la firmeza se reflejara en su pura y servil Juana. Muchos historiadores consideran que la rápida sustitución de Ana por Juana fue un golpe de estado por parte de los Seymour, un golpe exitoso cuyas remuneraciones seguirían fluyendo mucho después de la muerte de la propia Juana.

El rey Enrique descubrió que Juana Seymour no aceptaría sus regalos y caricias por la misma razón por la que Ana no lo había hecho: no quería convertirse en amante, sino solo en esposa. Era un método que había funcionado con Ana Bolena y que volvió a funcionar con Juana. Lo más probable es que el rey Enrique creyera que la modestia de Juana era natural en ella, y de hecho puede que así fuera. También pudo haber sido producto de un consejo de la familia de Juana y ella sabía muy bien que era una buena estrategia.

Enrique creía que estaba cortejando a Juana, ¡pero probablemente la familia de ella lo estaba cortejando igualmente! Por supuesto, la propia Juana había hecho la mayor parte del trabajo al presentarse como una dama modesta y casta simplemente porque así era ella. Había llegado a la edad de 25 años sin haberse casado ni haberse visto envuelta en una aventura. El rey asumió que era virgen y probablemente estaba en lo cierto. El único escándalo relacionado con Juana fue en realidad culpa de su padre, quien había tenido una aventura con su nuera. Ese escándalo pasó y si le hizo algún daño personal a Juana, no fue duradero.

Cuando el rey envió un regalo de monedas de oro a su enamorada, se dice que Juana se arrodilló y le rogó al mensajero que las devolviera. Le dijo que era una doncella virtuosa que no podía aceptar regalos de un hombre casado. Añadió que si el rey quería hacerle un regalo de oro, tal vez debería ser cuando ella hubiera tuviera un matrimonio honorable. Enrique ya había escuchado ese tipo de comentarios y esta vez no necesitó cambiar la premisa religiosa fundamental de su reino ni esperar seis años para cumplirla. La humildad de su dama elegida lo era todo para él, tal como lo había sido siete años antes.

Una vez que la reina Ana fue completamente derrotada, Juana quedó a merced de los deseos del rey Enrique, para bien o para mal.

Capítulo 12 – Juana y el príncipe

Juana Seymour y Enrique VIII se casaron en el palacio de Whitehall, 11 días después de la ejecución de Ana. La ceremonia tuvo lugar en el "Clóset de la Reina", lugar que en realidad era un espacio exuberante y bien acondicionado entre las habitaciones oficiales de la reina en el palacio.

Enrique regaló a su nueva esposa más de cien propiedades, pero no organizó su coronación, supuestamente debido al brote de peste en Londres. Según los rumores entre los cortesanos, Enrique en realidad no se molestaría en coronar a Juana hasta que esta le proporcionara un príncipe, y puede que el rumor tuviera algo de cierto. También era cierto que, durante el verano, la realeza tendía a abandonar la capital inglesa debido a los brotes de peste, por lo que tiene sentido que se evitara que la nueva reina pasara tiempo en el calor de la ciudad infectada. A pesar de no tener una ceremonia oficial de coronación, la tercera esposa de Enrique fue declarada reina formalmente el 4 de junio de 1536.

Poco después de la boda, el rey recibió una noticia descorazonadora: su único hijo, Henry Fitzroy, había muerto de tuberculosis a los diecisiete años. Fitzroy y Enrique eran muy unidos; el rey había estado considerando los arreglos matrimoniales para su hijo ilegítimo desde su nacimiento. Durante muchos años, parecía que el joven Fitzroy sería el único candidato masculino de Enrique para la sucesión o, al menos, el único candidato ilegítimo al que el rey se dignaba a reconocer como suyo. Fue un año difícil para el rey Enrique VIII, pero las tensiones que sufrió el rey seguramente fueron aún peores para su nueva esposa. Juana debió sentir más responsabilidad que nunca para dar hijos al rey lo antes posible.

A diferencia de su predecesora, Juana Seymour no estaba embarazada cuando se casó con el rey ni lo estuvo hasta el año siguiente. Finalmente, se anunció el embarazo en enero de 1537 y el bebé nació sano y salvo el 12 de octubre. Era un niño sano y el heredero instantáneo del trono de Inglaterra. Lo llamaron Eduardo y lo bautizaron como el príncipe de Gales.

Aunque la pareja real estaba enfocada en concebir a un heredero, durante los primeros largos meses del matrimonio Juana se esforzó por acercarse a los hijos del rey que ya existían. Ya simpatizaba con María y su madre, Catalina de Aragón, y quería encontrar la manera de reunir a la niña y a su hermana, Isabel, con su padre. En lo que respecta a María, el momento era ideal porque estaba enferma, débil y preocupada por la posibilidad de ser la siguiente en el patíbulo. A finales de junio, María Tudor firmó un documento de la corte en el que declaraba que su madre nunca había sido la legítima reina de Inglaterra y que seguiría las leyes de su padre, Enrique VIII, al pie de la letra. Era muy difícil que María firmara una declaración de este tipo, pero para 1537, ya se había resistido durante casi cinco años. A la edad de 21 años, María Tudor necesitaba el amor de su padre para poder reincorporarse a la corte real, casarse y reclamar su asignación monetaria.

Juana quería que tanto María como Isabel fueran restituidas como herederas reales de la corona de Enrique, después de cualquiera de sus propios hijos, por supuesto. Aunque no logró convencer al rey de que reconociera a sus hijas como posibles herederas, sí lo convenció de que las acogiera en su casa en varias ocasiones. Fue el comienzo de un largo proceso de reparación de una profunda ruptura familiar.

Esto fue especialmente importante para Isabel Tudor, cuya madre fue asesinada por orden de su padre. Es posible que Juana estuviera preocupada por la seguridad de la única hija de Ana, lo que la impulsó a calmar el temperamento de Enrique hacia a la joven. Enrique parecía satisfecho de tener a ambas hijas vivas y bien cuidadas y las incluyó en más eventos reales. Las dos niñas estuvieron presentes en el bautizo de su hermanastro y sujetaron la cola del vestido del bebé.

Por desgracia para Juana, el parto del príncipe Eduardo constituyó un proceso muy doloroso y agotador de dos días. Permaneció en cama mientras se hacían los preparativos para el bautizo de Eduardo en la capilla real el 15 de octubre. El rey Enrique organizó un evento inolvidable para su nuevo hijo y pidió que la pila bautismal estuviera en un lugar elevado para que todos los asistentes pudieran ver al príncipe. La ceremonia fue llevada a cabo por el arzobispo Thomas Cranmer y al final el pequeño Eduardo fue declarado príncipe Eduardo, duque de Cornualles y conde de Chester.

Cranmer, Charles Brandon y otros hombres muy apreciados por el rey fueron los padrinos de Eduardo; la hija del rey, María, fue su madrina. Existe cierta confusión sobre si la reina Juana participó o no en parte de la ceremonia de bautizo, aunque la mayoría de las fuentes coinciden en que no se aventuró a salir de su dormitorio y que el niño le fue devuelto después.

Los médicos e historiadores modernos solo pueden adivinar la causa de su enfermedad, pero muchos coinciden en que la tercera esposa de Enrique sufrió fiebre puerperal: una enfermedad relacionada con el parto en la que la madre desarrolla una grave infección uterina. Sea cual sea el motivo exacto, Juana murió el 24 de octubre, ni siquiera dos semanas después del nacimiento de su hijo. Enrique le hizo un gran funeral y la enterró en la capilla de San Jorge del castillo de Windsor, donde él mismo sería enterrado más tarde.

Juana Seymour, esposa de Enrique VIII durante algo menos de un año y seis meses, es la única de las esposas del rey por la que Enrique estuvo de luto activamente. Se dice que el rey estaba devastado por su muerte y que vistió de negro hasta bien entrado el año siguiente. Los compañeros de Enrique señalaron que tras el fallecimiento de su esposa se dedicó al bordado, una las aficiones favoritas de la reina. Fue un acto conmemorativo que honraba la memoria de Juana y conectaba a Enrique con ella en su momento de melancolía. Muchas de las creaciones bordadas por Juana, lo que incluía puños de mangas y almohadas, se conservaron en la colección real hasta un siglo después de su muerte.

Tras la muerte de Juana, el 24 de octubre de 1537, el rey discutió sin entusiasmo sobre otros posibles matrimonios. Enrique quería que Juana fuera recordada, apreciada y respetada adecuadamente como madre del heredero al trono de Inglaterra, el príncipe Eduardo, y se aseguró de mantener vivo su recuerdo en la corte mediante pinturas, bordados y referencias directas. El cambio de animal en el escudo de los Seymour llegó a ser especialmente acertado.

Su epitafio dice:

"Aquí yace Juana, un fénix
Que murió al dar a luz a otro fénix.
Que se llore su pérdida, porque aves como estas
son realmente raras".

Capítulo 13 – Viudo por dos años

El año 1537 fue emotivo para el rey Enrique VIII. En enero, sufrió una espantosa conmoción cerebral y una lesión en la pierna que casi lo mata. Con esto, el rey perdió su estilo de vida activo y las justas dejaron de ser parte de sus aficiones. Se había desenamorado y había instigado la caída de una mujer a la que antes apreciaba tanto que rompió con la mismísima cabeza de la Iglesia católica para poder estar con ella. Reginald Pole había sido enviado desde Roma para hacer la guerra contra herética Inglaterra, y Henry Fitzroy, el hijo ilegítimo, pero muy querido del rey, estaba muerto.

Desde octubre de 1537 hasta enero de 1540, el rey Enrique permaneció soltero. Fue el período más largo de su vida adulta en el que estuvo sin esposa. Estos años en particular también fueron difíciles debido al aumento de las dificultades relacionadas con la Iglesia de Inglaterra. Una vez establecida la iglesia, dirigida por él mismo, y establecidas sus reglas básicas, se habían escrito las primeras Biblias en lengua inglesa y se habían distribuido por todo el país. Nunca antes tanta gente había tenía opiniones diferentes sobre el verdadero significado de los evangelios, mientras que los sacerdotes y clérigos se esforzaban por entender exactamente lo que el rey consideraba herético. Enrique tenía mucho con lo que lidiar, y quizás con su hijo el príncipe Eduardo a salvo en palacio, encontró el tiempo en su soltería para ocuparse plenamente de otros asuntos además de la sucesión.

A pesar de su auténtica melancolía por la muerte de Juana, Enrique sabía que le convenía casarse y aliarse con una familia o país poderoso. Volvió al mercado matrimonial en 1538, más que nada por razones políticas, pero no se casó hasta principios de 1540. Había empezado a engordar mucho debido a su inactividad, a los dolores en las piernas y a que comía constantemente, pero esto no hizo que el rey de Inglaterra fuera menos atractivo desde un punto de vista político. Había muchos partidos disponibles tanto en Inglaterra como en el extranjero, pero ninguno en particular parecía apto para ocupar el lugar de Juana a su lado.

Enrique habló sobre matrimonio, pero no se centró en él durante al menos seis meses después del nacimiento del príncipe Eduardo. De hecho, Enrique centró su atención en el infante e hizo todo lo posible por mantener al pequeño príncipe sano y salvo. Insistió en que la residencia del niño se mantuviera impecablemente limpia para disminuir el riesgo de enfermedades y dolencias, así que pidió que los sirvientes que lo atendían lavaran las habitaciones y las pertenencias del príncipe según instrucciones muy estrictas para la época. El pequeño tenía todo lo que un niño pequeño podía desear y mucho más, ya que su padre lo instaló en su propia casa formal dirigida por miembros de la familia Seymour. Fue lo mismo que se organizó para Henrye Fitzroy, pero mucho más exigente en cuanto a la seguridad.

El mismo año en que murió Juana Seymour, Hans Holbein el Joven completó su icónico cuadro del rey Enrique VIII. El retrato sigue siendo la imagen más conocida del rey Enrique, que representa al monarca con sobrepeso como un hombre robusto y fuerte, de hombros anchos y de grandeza física. Su postura, con los puños en las caderas y los pies firmemente separados, muestra intensidad y confianza. La túnica está finamente cosida, la bragueta es grande y los músculos de las pantorrillas de los que el rey estaba siempre tan orgulloso son gruesos y bien definidos. Aunque Enrique podría haber llegado a pesar alrededor de 135 kilos en esa época, el retrato parece insinuar solo un cuerpo ancho con un abrigo bien colocado y adornos de piel. Es una obra maestra en la que Holbein consiguió aludir al gran tamaño de Enrique sin hacerlo lucir desagradable. El cuadro, aunque se perdió en un incendio del siglo XVII, fue copiado numerosas veces por otros artistas contemporáneos.

A lo largo de 1538, el rey mantuvo conversaciones con enviados y consejos alemanes interesados en redactar un tratado. Al principio no estaba interesado, pero Enrique decidió estudiar a profundidad el asunto e invitó a sus invitados a participar en largos y detallados foros sobre las sutilezas de su verdadera religión. Las conversaciones continuaron hasta el año siguiente, cuando Enrique mandó a su propio enviado a Cléveris para buscar una alianza con nuevo gobernante del ducado, Guillermo.

Thomas Cromwell, el consejero de mayor confianza del rey Enrique, seguía muy ansioso por transformar Inglaterra en un estado totalmente protestante. Había ayudado a organizar el matrimonio de Enrique con Ana Bolena bajo la premisa de que, al hacerlo, Inglaterra entraría en una nueva era religiosa. El continuo empuje de Cromwell por la reforma había empezado a irritar al rey, pero el disgusto de Enrique no sirvió para detener los planes del ministro principal. Cromwell quería volver a conectar al rey Enrique con las demás naciones protestantes europeas, que eran pocas, pero no insignificantes. Para ello, buscó potenciales novias en el continente.

El ducado de Cléveris, situado en el territorio del Sacro Imperio Romano Germánico, era una región singularmente protestante bajo el dominio de un acérrimo aliado católico. Era pequeño, pero feroz, y en sus tierras había dos muchachas lo suficientemente nobles como para convertirse en reinas de Inglaterra. Cuando el rey Enrique se hartó de la soltería, Cromwell lo llevó hasta la familia Cléveris.

A principios de 1540, el rey Enrique promulgó una estricta legislación contra los monasterios católicos que quedaban en Inglaterra e Irlanda. La abadía de Shap, el priorato de Dunstable, la abadía de Bolton, el priorato de Thetford y la abadía de Waltham fueron cerrados debido a la Ley para la Disolución de los Monasterios. Fue un gran progreso para la Iglesia de Inglaterra, pero una pérdida igual de inmensa para la gran población de católicos tradicionales de Inglaterra. Estos últimos veían al rey Enrique como un tirano, mientras que los primeros aplaudían su mano dura al cerrar y básicamente saquear los monasterios de toda la nación.

A pesar de este movimiento, Enrique seguía sin estar seguro de hasta dónde quería llegar en cuanto a cambiar las prácticas religiosas de Inglaterra. Había sido criado como un católico devoto y, por lo tanto, dudaba en abrazar el protestantismo por completo, a pesar de que parecía hacerlo solo siete años antes. En su lugar, el rey buscó una especie de término medio entre las drásticas reformas de la Europa protestante y las tradiciones plenamente católicas de su juventud.

Su elección de novia el 6 de enero de 1540 fue reveladora.

Capítulo 14 – Ana de Cléveris

Ana La Marck, mejor conocida por el nombre de su casa, Cléveris, era 24 años menor que Enrique VIII. Nació el 22 de septiembre de 1515 en el ducado de Cléveris, heredado por su padre, Juan III. Tanto ella como su hermana menor, Amalia, fueron consideradas seriamente para el puesto vacante de reina de Inglaterra en 1539. Para la cuarta esposa del rey, el ministro principal de Enrique estaba interesado en una reina extranjera. Para ese momento, el ducado de Cléveris era un estado independiente del Sacro Imperio Romano Germánico, que ahora forma parte de la Alemania moderna.

Ana creció en Schloss Burg, un hermoso castillo cerca de la ciudad de Solingen, con tres hermanos: Amalia, Sibila y Guillermo. A la muerte de Juan III en 1558 (o 1559, dependiendo de cuáles fuentes sean correctas), Guillermo heredó el ducado de Jülich-Cléveris-Berg y dirigió sus propiedades bajo muchos de los ideales de la Reforma europea; fue miembro de la Liga de Esmalcalda, una unión de estados protestantes contra el Sacro Emperador Romano.

Ana no había recibido educación formal, pero sabía leer y escribir en alemán y era considerada una joven atractiva y gentil por la mayoría de los nobles de los ducados cercanos y de las naciones vecinas. Le gustaba jugar a las cartas y se esforzaba por ser una agradable conversadora; también era muy hábil en las tareas domésticas contemporáneas, como la costura y el bordado. A diferencia de la mayoría de las mujeres nobles de Inglaterra, Ana de Cléveris no aprendió idiomas extranjeros, ni le enseñaron a cantar o a tocar un instrumento.

Como todos los miembros de las familias reales europeas, Ana de Cléveris estaba sometida a los caprichos de sus padres en lo que se refería al matrimonio. A la temprana edad de diez años, se comprometió con Francisco, heredero del ducado de Lorena, pero este acuerdo se canceló en 1535.

Seis años después de que Enrique VIII hubiera reformado la religión de Inglaterra, Cromwell y algunos de sus principales asesores protestantes empezaron a sentir que el rey estaba menos entusiasmado con el protestantismo en comparación al interés que había demostrado en años anteriores. También parecía que Francia y el Sacro Imperio Romano Germánico estaban conspirando para invadir la Inglaterra anticatólica, lo que duplicó el impulso de Thomas Cromwell por conseguirle una nueva esposa a Enrique en un estado que también fuera protestante. Las hijas más jóvenes del ducado de Cléveris fueron seleccionadas como las novias más apropiadas para el rey Enrique VIII, por lo que el rey envió a su retratista de la corte, Hans Holbein el Joven, a hacer retratos de ambas chicas.

Holbein pintó un bello retrato de Ana en el que usaba mangas abullonadas y anchas y una falda de cintura alta de estilo alemán, así como un tocado de estilo aislado que era tradicional en esa parte de Europa. Era un precioso retrato que mostraba los rasgos faciales simétricos de la joven, su figura clásicamente bien equilibrada y su agradable expresión facial. Sin embargo, como se enfocaba por completo en la parte superior del cuerpo de Ana, el retrato no mostraba la altura y el tamaño de la dama. Era una mujer alta y robusta y, aunque de todas formas era considerada muy atractiva por muchos, estás características generalmente no eran del gusto del rey Enrique VIII.

Holbein también realizó un boceto rudimentario de la hermana de Ana, Amalia, en el que usaba ropa y accesorios muy similares. Amalia tenía un rostro más delgado y quizá más alargado que el de Ana. Fue finalmente el retrato de Ana de Cléveris el que se ganó la admiración de Enrique VIII, por lo que Guillermo concertó un contrato de matrimonio con el rey de Inglaterra y envió a su hermana a la corte de Enrique.

Cuando Ana estaba lista para viajar a Inglaterra, la efímera paz entre el Sacro Imperio Romano Germánico y Francia era cada vez más frágil. No era seguro para Ana viajar a través de ninguna de estas naciones, pero no había otra forma de llegar a Inglaterra desde Cléveris. El rey francés Francisco I le ofreció su apoyo, mientras que Carlos V le dio a Ana un pasaporte francés que le permitía viajar a través de los Países Bajos y salir del continente.

Irónicamente, la hostilidad entre Francisco I, Carlos V e Inglaterra fue gran parte de la razón por la que Enrique VIII buscó una alianza protestante con el ducado de Cléveris en primer lugar. Sin embargo, cuando los franceses y el Sacro Imperio Romano Germánico decidieron cooperar con Enrique y Guillermo, Enrique ya no tenía razón para casarse con Ana. El rey de Inglaterra era consciente de esto, pero había aceptado casarse con la muchacha y quería cumplir su promesa. Así pues, Ana de Cléveris viajó hacia el oeste en pleno invierno y llegó a Inglaterra el día de año nuevo de 1540.

En cuanto su novia estuvo a su alcance, Enrique se apresuró a recibirla, disfrazado, con ocho de sus consejeros privados:

"En este día el rey, que deseaba mucho ver a vuestra excelencia, estaba acompañado por no más de viii personas de su preciada cámara, y tanto él como ellos, todos ataviados con capas veteadas, llegaron a Rochester con antelación, y de pronto estuvieron en su presencia, lo que le causó un gran asombro: pero después de que él le hablara y le diera la bienvenida, ella, con el más amable y cariñoso semblante y comportamiento, lo recibió y le dio la bienvenida de rodillas, a quien él levantó y besó con suavidad: y todo eso después de

que nadie compartiera y discutiera con ella, y esa noche cenó con ella, y al día siguiente él partió hacia Grenewich, y ella vino a Dartford. [sic]".

Aunque Enrique fue todo un caballero durante el improvisado encuentro con su futura esposa, sus amigos afirmaron más tarde que el rey no estaba en absoluto satisfecho con el aspecto de Ana. Puede que esto sea cierto, pero es probable que haya otra razón por la que el rey no quedó impresionado por Ana. Aparecer disfrazado ante la persona amada era una tradición en la corte, según la que se suponía que la persona que hace la visita reconocería a su amado o se enamoraría inmediatamente.

Dado el bien conocido ego del rey, es posible que se sintiera insultado porque Ana no le reconoció sino hasta que se quitó el disfraz y sus cortesanos comenzaron a atenderle. Enrique VIII estaba acostumbrado a que sus novias le mostraran el máximo respeto y atención, pero creyendo que era un sirviente del rey, Ana se limitó a mostrarle a Enrique cortesía y luego le ignoró. Después de su encuentro, circularon rumores groseros sobre lo que Enrique había dicho de su futura esposa. No obstante, el matrimonio se celebró el 6 de enero de 1540 en el palacio de Placentia, en Greenwich. El arzobispo Thomas Cranmer ofició la ceremonia.

Enrique le confesó a Thomas Cromwell al día siguiente que no había hecho el amor con su nueva esposa y que, por lo tanto, el matrimonio aún no era oficial. Además, el rey no podía decir si finalizaría el matrimonio en algún momento en el futuro. Ana, aunque tenía 24 años, nunca se había casado y parecía no entender este detalle. Confesó a una de sus damas de honor que el rey le daba los buenos días y las buenas noches cada día, besando su mano con dulzura; esta le aseguró a la reina que era necesario mucho más para que se produjera el nacimiento del bebé.

Ana de Cléveris y Enrique VIII nunca consumaron su matrimonio. Luego de que se le ordenó abandonar la residencia de Enrique e ir al palacio de Richmond donde tendría sus propios aposentos, Ana descubrió que su matrimonio estaba peligro. En ese momento se desmayó y, una vez que se recuperó, Ana se negó a aceptar la propuesta de anular el matrimonio que le había hecho Enrique.

Capítulo 15 – La anulación y los años posteriores

Ana de Cléveris se sintió dolida por haber disgustado a su marido tan severamente cuando tenían tan poco tiempo casados, pero una vez que tuvo tiempo de ordenar sus pensamientos, supo que era mejor no discutir con alguien con la reputación de Enrique VIII. Aunque al principio insistió en que se le dijera lo que había hecho mal, Ana pronto se dio cuenta de que lo mejor era aceptar la anulación y facilitar las cosas al rey.

El 9 de julio, seis meses después de su boda, Enrique y Ana de Cléveris anularon su matrimonio. Enrique culpó a muchas cosas de la ruptura, entre ellas el aspecto de Ana, su incredulidad sobre su virginidad, su compromiso cancelado con Francisco de Lorena y, sobre todo, a Thomas Cromwell. Este último fue ejecutado por traición pocas semanas después de que Ana de Cléveris fuera expulsada del palacio de Enrique y recibiera su propia colección de residencias inglesas.

Ana escribió el 11 de julio y le expresó su deseo de hacer lo que él quisiera:

"Agradezco a vuestra excelentísima majestad que entienda que, mientras que en varias ocasiones anteriores, he sido informada y he percibido, por ciertos señores y otros del consejo de vuestra excelencia, de las dudas y cuestiones que han cambiado y se han encontrado en nuestro matrimonio; y cómo se ha hecho una petición al respecto a vuestra alteza por parte de nuestros nobles y comunes, para que la misma sea examinada y determinada por el santo clero de este reino; para atestiguar ante su alteza por mi escrito, lo que he prometido antes por palabra y voluntad, es decir, que el asunto debe ser examinado y determinado por el mencionado clero; le complacerá a vuestra majestad saber que, aunque este caso debe ser necesariamente muy duro y doloroso para mí, por el gran amor que profeso a vuestra nobilísima persona, sin embargo, teniendo más en cuenta a Dios y a su verdad que a cualquier afecto mundano, me pareció adecuado, en un principio, someterme a dicho examen y determinación del citado clero, al que he aceptado y acepto como jueces competentes en ese asunto. Así que ahora, habiendo comprobado cómo el mismo clero ha emitido su juicio y sentencia, me doy por enterada de que acepto y apruebo lo mismo, sometiéndome total y enteramente, por mi estado y condición, a la bondad y placer de vuestra alteza; suplicando muy humildemente a vuestra majestad que, aunque se determine que el pretendido matrimonio entre nosotros es nulo y sin efecto, por lo que no puedo ni me llamaré esposa de vuestra excelencia, considerando esta sentencia (a la que me atengo) y la limpia y pura convivencia de vuestra majestad conmigo, os complacerá tomarme por una de vuestras más humildes servidoras, y así determinar de mí, que a veces pueda tener el disfrute de vuestra nobilísima presencia; lo cual estimaré como un gran beneficio, tal como mis lores y otros del miembros consejo de vuestra majestad, estando ahora conmigo, me han dado ese consuelo; y que vuestra alteza me tomará por su hermana; por lo que muy humildemente le agradezco en consecuencia.

Así pues, clementísimo príncipe, suplico a Dios nuestro Señor que envíe a vuestra majestad larga vida y buena salud, para gloria de Dios, vuestro honor propio y la riqueza de este noble reino.

Desde Richmond, el 11 de julio del 32o año del nobilísimo reinado de vuestra majestad.

La más humilde hermana y servidora de vuestra majestad,

Ana, la hija de Cléveris".

El rey Enrique VIII recompensó de forma abundante a Ana de Cléveris por aceptar la oferta de la anulación matrimonial. Si en algún momento le preocupó que su vida corriera peligro, en realidad no tenía necesidad de preocuparse. Tras la anulación, Enrique regaló a su cuarta esposa el palacio de Richmond, la mansión de Bletchingley, la vieja mansión de Chelsea y la casa de la infancia de Ana Bolena, el castillo de Hever. También le concedió un cómodo salario anual y le permitió conservar todas las joyas, la ropa, los muebles y otras pequeñas propiedades que había acumulado durante su corto tiempo como esposa.

Lo más prestigioso de todo fue que a Ana se le concedió el derecho a ser llamada "Hermana del Rey". A partir de entonces, fue tratada oficialmente como un miembro de la familia real. Sin duda, Ana de Cléveris fue la más afortunada de todas las esposas de Enrique VIII. No murió en el parto, ni en el patíbulo a manos de un verdugo, ni en el aislamiento y la enfermedad como le pasó a Catalina de Aragón. Por el contrario, prosperó bajo la influencia del rey y sus abundantes regalos.

Una vez finalizado el matrimonio, Ana decidió seguir viviendo en Inglaterra, pero se mantuvo casi siempre alejada de la opinión pública. Eligió el castillo de Hever, en Kent, como su hogar habitual y allí recibió al rey Enrique en múltiples ocasiones. Los dos se convirtieron en verdaderos amigos, hasta el punto de que se rumoreó que Enrique se casaría con Ana por segunda vez. Esto no era cierto, pero como hermana del rey, a Ana se la invitaba con frecuencia a la corte y Enrique la recibía con alegría.

Entre los huéspedes habituales de Ana en el castillo de Hever se encontraban las princesas Isabel y María. Ambas niñas entablaron una estrecha relación con su antigua madrastra, sobre todo Isabel, quien tenía ideas afines con Ana. La princesa más joven era una fiel protestante pues había crecido en la época de la Iglesia de Inglaterra y sus creencias religiosas coincidían perfectamente con las de Ana. María no era espiritualmente afín, ya que su lealtad siempre había permanecido en secreto con la fe católica de su madre. Cuando heredó el trono en 1553, el sangriento reinado de María perdonó a pocas personas: Ana de Cléveris pertenecería a esa afortunada minoría.

Probablemente, la inteligencia y la positividad de Ana no solo le salvaron la vida, sino que le proporcionaron más lujos de los que podía comprender. Tras su muerte, el 16 de julio de 1557, Ana de Cléveris tuvo un funeral real completo y un entierro en la abadía de Westminster a petición de la reina María I. Ella sobrevivió al rey Enrique VIII y a sus otras cinco esposas y fue un importante ejemplo de bondad y pragmatismo para la joven Isabel Tudor. Ana de Cléveris vivió hasta los 41 años y murió tras una corta enfermedad que, según los historiadores modernos, pudo ser un cáncer.

Capítulo 16 – Catalina Howard

No debería haber sorprendido a nadie (excepto a Ana de Cléveris) que Enrique VIII tuviera otra novia en mente cuando decidió anular su matrimonio con Ana. Fiel a su estilo, la elección de Enrique fue una de las damas de compañía de su esposa: Catalina Howard.

Si nos fijamos solamente en los retratos de Catalina Howard hechos por Hans Holbein el Joven, resulta difícil saber cómo lucía la adolescente en realidad, pues el retratista oficial de la corte de Enrique tenía un estilo bastante rígido y particular. Su pintura del joven objeto del deseo del rey Enrique hace que Catalina parezca mucho mayor y menos carismática de lo que realmente era. Aparte de la piel blanca y pálida y el pelo rubio oscuro de la joven, sabemos poco de su verdadera apariencia.

La joven y vivaz Catalina Howard solo tenía 15 o 16 años cuando se casó con el rey Enrique, de 49 años, el 28 de julio de 1540. Su boda tuvo lugar el mismo día en que Thomas Cromwell fue decapitado, lo que supuso un acontecimiento algo ofensivo para el consejo del rey. Marcó un nuevo comienzo para el rey, quien probablemente sintió los efectos del envejecimiento con más intensidad que nunca y quiso acoger sangre fresca tanto en su vida personal como en el Consejo Privado.

Catalina Howard creció al cuidado de la madrastra de su padre, la duquesa viuda de Norfolk. Era normal que las hijas de la nobleza pobre vivieran con un pariente lejano, en este caso en compañía de otras niñas con el mismo origen. La duquesa se encargaba de enseñar a las niñas a su cargo cómo comportarse en compañía de otros nobles, incluida la realeza, para que pudieran ser excelentes parejas matrimoniales cuando llegara el momento.

No todas las casas de señoritas cumplían esta promesa y la de Catalina Howard ciertamente no lo hizo. La joven Catalina y muchas de sus amigas de la finca tenían la costumbre de colar a sus amigos varones en los dormitorios a altas horas de la noche y quedarse hasta la madrugada coqueteando, cotilleando y enamorándose. En la Inglaterra del siglo XVI, ese comportamiento era mucho más que un tabú. Si los descubrían, se podía arruinar la reputación de una chica para el resto de su vida, no solo impidiendo que se casara y que encontrara condiciones de vida cómodas, sino rompiendo potencialmente cualquier futuro matrimonio que lograra contraer.

En la flor de la juventud y la inocencia política, Catalina y sus amigos simplemente se divertían y pensaban poco en las consecuencias. La propia Catalina mantenía una relación romántica seria con el secretario de la casa, Francis Dereham. Los dos se veían a diario, y cuando Francis estaba fuera de la finca, dejaba a Catalina a cargo de su casa, sus pertenencias y su dinero. La joven pareja hizo el acuerdo secreto de casarse en cuanto fuera posible. Por desgracia, la duquesa se enteró de su acuerdo y despidió inmediatamente a Dereham.

Por muy supuestamente inapropiada que fuera la relación de Catalina con Francisco, tuvo el mérito de ser consentida. No se puede decir lo mismo de otras supuestas relaciones románticas de las que se la acusaría, en particular, la relación sexual con su profesor de música, Henry Mannox. Esto tuvo lugar mientras Catalina estaba al cuidado de la Duquesa, pero antes de que Francis Dereham se uniera a la casa. Aunque Mannox presentó un caso en el que relataba que su alumna coqueteaba con él y se divertía, la chica contó una historia ligeramente diferente. Según Catalina, Mannox se le había impuesto cuando solo era una jovencita y ella le dejaba hacer lo que le gustaba, sin saber nada más.

Dereham y Howard, por su parte, se referían cariñosamente el uno al otro como marido y mujer, pero su acuerdo fue revelado por la duquesa. Francis partió hacia Irlanda y probablemente no volvió a ver a Catalina.

En 1539, Catalina se trasladó a la casa de su tío, cerca de Londres, y conoció a un primo de su madre, Thomas Culpeper. Culpeper era miembro de los Caballeros de la Cámara Privada del rey Enrique VIII, lo que significaba que tenía acceso a las habitaciones personales del rey como lord del cuerpo. Thomas era joven, guapo y relativamente importante, lo que impresionó inmediatamente a Catalina. Poco después de este encuentro, Catalina obtuvo su propio puesto en la corte como dama de compañía de la reina Ana de Cléveris. Casi inmediatamente después de su llegada, Catalina se fijó en el rey. En menos de un año, ambos se casaron y la nueva reina se instaló felizmente en sus propios aposentos reales.

Fue una época alegre para la reina Catalina Howard, que no tenía mucho que hacer más que comprar hermosos vestidos franceses adornados con joyas y adornos costosos. La pareja dejó Londres durante el calor de agosto para evitar la temporada de la peste, y Enrique se entretuvo prodigando a la joven reina en lujos por donde quiera que viajaran. Ella tenía todos los vestidos, joyas y cosas bonitas que quería, además de la mejor comida y bebida, y la indulgencia del rey con su comportamiento relativamente infantil. Aunque el rey había envejecido, tenía sobrepeso y mucho dolor a causa de las úlceras en las piernas, disfrutaba viendo a la pequeña reina jugar con sus amigos en la tierra o perseguirse por las distintas fincas reales.

Una de las grandes alegrías de Catalina fue conocer a Isabel Tudor, de 7 años, ya que ambas eran primas por la familia Bolena. La nueva reina se aseguró de tener a Isabel sentada frente a ella o a su lado en cada comida cuando estaban en el mismo palacio. Su admiración era correspondida e Isabel disfrutaba mucho pasando tiempo con su tercera madrastra y recibiendo pequeños regalos de ella.

Después de que la peste desapareciera junto con el calor, Enrique continuó haciendo gastos abundantes, esta vez en el palacio de Whitehall y en una memorable celebración de navidad en el palacio de Hampton Court ese mismo año. La reina Catalina recibió del rey diamantes, pieles y perlas en uno de sus días sagrados más preciados. Aunque a menudo estaba malhumorado por el dolor que sufría, el rey Enrique hizo todo lo posible para que 1540 fuera un año especialmente agradable para él y su pequeña novia. Llegó incluso a ordenar que se acuñara una moneda especial de oro de la corona en honor a su último matrimonio.

Durante la primera parte de 1541, los cortesanos comenzaron a buscar señales de embarazo en la reina Catalina. Se determinó que una vez que estuviera embarazada, tendría su celebración oficial de coronación. Desgraciadamente, los compañeros del pasado de la reina comenzaron a aparecer en palacio, pidiendo favores a Catalina a cambio de su silencio sobre sus relaciones con Dereham y Mannox. Ella no tuvo más remedio que hacer lo que le pedían, y pronto su posición en la corte del rey Enrique se tambaleó y estuvo borde del desastre.

Capítulo 17 – La aventura amorosa con Culpeper

Catalina Howard ya se había enamorado de Thomas Culpeper para cuando el rey Enrique le dio señales de sus intenciones y esto no era algo que casarse con el rey pudiera cambiar. Mientras que una mujer más madura habría sabido que debía ser lo más discreta posible con su vida personal después de contraer matrimonio con Enrique VIII, Catalina Howard no entendía esta importancia o simplemente no podía evitar seguir a su joven corazón.

Catalina y Thomas habían intercambiado cartas y pasado tiempo juntos en la corte antes de que ella se comprometiera, e incluso consideraron la posibilidad de casarse. Hubiera sido un buen partido; tenían una edad adecuada, eran miembros de la nobleza inglesa e incluso procedían de la misma familia. Además, Thomas y Catalina tenían una afinidad mutua, que Catalina seguramente no podría haber tenido con el anciano, obeso y enfermo rey Enrique. Sin embargo, uno no rechaza una propuesta de matrimonio de un rey, incluso si dicho rey asesinara a una esposa anterior.

En algún momento después de la boda real, la nueva reina comenzó a recibir visitas de Thomas Culpeper en sus habitaciones privadas. Una de sus damas de honor de mayor confianza, Juana Bolena, se sentaba fuera en el salón y se aseguraba de que la pareja no fuera descubierta. Durante muchos meses, el romance de Catalina eludió al rey y a sus consejeros, pero la situación se volvió imposible de controlar una vez que los antiguos colegas de la reina comenzaron a hacerle exigencias.

Para el otoño de 1541, muchos de estos mismos extorsionistas habían sido nombrados para ocupar puestos por recomendación de Catalina, con el fin de mantenerlos satisfechos y callados. Sin embargo, no estaban especialmente dispuestos a permanecer en silencio y pronto los secretos de la reina fueron conocidos por Thomas Cranmer. El arzobispo se encargó inmediatamente de investigar las acusaciones contra Catalina y pronto presentó al rey una orden de arresto y juicio. Entre muchas confesiones, Cranmer había localizado una carta de puño y letra de la reina en la alcoba de Culpeper:

"Maestro Culpeper,

Me encomiendo de corazón a vos, rogándoos que me enviéis a decir cómo os encontráis. Me dijeron que estabais enfermo, lo cual me preocupará mucho hasta el momento en que reciba noticias vuestras, rogándoos que me enviéis noticias de cómo estáis, pues nunca he deseado tanto una cosa como veros y hablar con vos, lo cual confío que ocurrirá pronto.

Lo cual me consuela mucho cuando lo pienso, y cuando vuelvo a pensar que os alejaréis de mí otra vez, mi corazón muere solo de pensar que no puede permanecer para siempre en vuestra compañía.

Sin embargo, siempre confío en que seréis como me habéis prometido, y en esa esperanza sigo confiando, rogándoos que vengáis cuando mi lady Rochford esté aquí, pues entonces estaré más tranquila para estar a vuestras órdenes, agradeciéndoos que hayáis prometido ayudar a ese pobre, mi criado, ya que, si él se marchare, no me atrevería a enviaros recado con ningún otro y, y por eso os ruego que lo llevéis con vosotros para que alguna vez tenga noticias vuestras.

Os ruego le deis un caballo a mi criado, pues yo no he podido conseguir uno para él; por lo tanto, mandadme uno para él, y con ello soy, como dije, impetuosa, y así me despido de vos, confiando en volver a veros pronto, y me gustaría que estuvierais conmigo ahora para que vierais el trabajo que me cuesta escribiros.

Vuestra mientras dure la vida

Catalina

Olvidaba deciros una cosa, y es que habléis a mi criado y le mandéis que se quede aquí, pues dice que hará lo que vos le ordenéis".

Era difícil argumentar que la carta había sido falsificada, ya que Catalina no era muy hábil escribiendo y su letra era fácil de identificar. Catalina fue arrestada, al igual que Thomas Culpeper, Francis Dereham y Henry Mannox. El 24 de noviembre de 1541, la reina fue encarcelada en la abadía de Syon, Middlesex. Cranmer dijo al rey que al interrogarla, Catalina se encontraba en un estado de terror tan frenético que consideró necesario retirar de su habitación todo lo que pudiera utilizar para hacerse daño. No volvería a ver a Enrique.

El rey estaba furioso. El gran amor de Enrique por Catalina Howard se había basado en gran medida en su percepción de ella como una joven virgen, no tocada por otros hombres ni por la dureza de la vida. La llamaba la perfección de la feminidad y creía que era la inocencia pura personificada. Si había pensado que la tierna edad de Catherine la hacía inmune a las emociones, deseos y dificultades de una mujer adulta, se equivocaba.

Catherine Howard testificó que nunca había estado comprometida con Francis Dereham, diciendo en cambio que él la había violado. También declaró que Enrique Mannox se aprovechó de su juventud, pero no negó haber tenido una relación con Thomas Culpeper antes de casarse con el rey Enrique VIII. Como su carta no tenía fecha, la única prueba de que su declaración sobre Culpeper era falsa procedía del testimonio de Juana Bolena, la viuda del hermano de Ana Bolena, Jorge. Juana había visto a su marido y a su cuñada enfrentarse a la misma acusación de adulterio y traición en 1536 y sabía cómo iba a resultar la investigación. Probablemente en un intento de evitar la tortura y, en última instancia, de salvarse a sí misma, la viuda Bolena cooperó inmediatamente con Cranmer. Ella también fue arrestada por complicidad en la traición.

Catalina Howard languideció en Syon House hasta el 11 de febrero de 1542, cuando fue llevada a la Torre de Londres por el río Támesis. Al día siguiente, se le dijo que se preparara para su ejecución. Aprovechó la advertencia y pidió que le prestaran el bloque del verdugo para poder practicar la mejor manera de colocar su cabeza.

Despojada de su título real, Catalina Howard subió los escalones del patíbulo con un aspecto muy débil y frágil. No pudo pronunciar muchas palabras, probablemente debido a la enfermedad y al miedo, pero dijo a los reunidos que se merecía su destino por sus delitos contra el rey. Fue ejecutada en el mismo lugar, o cerca de él, en el que había sido ejecutada Ana Bolena seis años antes. Era el 13 de febrero. Thomas Culpeper ya había sido asesinado por el hacha del verdugo, y Francis Dereham colgado, desenvainado y descuartizado. Henry Mannox no recibió ningún castigo.

Capítulo 18 – Catalina Parr

Catalina Parr nació en el seno de una familia noble del norte de Inglaterra cuyas raíces se remontan al rey Eduardo III. Se desconoce la fecha exacta de su nacimiento, pero se cree que fue en el año 1512. Tenía dos hermanos menores, un padre muy cercano al rey Enrique VIII y una madre que fue compañera cercana de la reina Catalina de Aragón. De hecho, la primera reina de Enrique había sido la madrina de la joven Catalina.

La hija mayor de los Parr vivió mucho antes de convertirse en la sexta y última esposa de Enrique VIII. Creció en Westmorland, donde recibió una educación típica que consistía en algo de literatura, música, costura e idiomas. La joven Catalina era una estudiante entusiasta que tenía una particular inclinación por los idiomas, pues aprendió a hablar y escribir inglés, latín, italiano y francés. Pasó sus años de formación en la Inglaterra protestante del rey Enrique VIII, que su padre y su madre apoyaban. El protestantismo sería un rasgo definitorio del carácter de Catalina, sobre todo después de conocer al rey.

Catalina se casó a los 17 años con un hombre enfermizo llamado Edward Burgh, quien era un veinteañero. Esta primera unión resultaría ser un tipo de matrimonio representativo de la vida de Catalina, pues se casó cuatro veces a lo largo de su vida. No se sabe mucho del desafortunado Edward Burgh, ya que solo vivió otros cuatro años después del matrimonio y no sobrevivió para heredar el título de barón de Gainsborough de su padre. Las obligaciones de Katherine en su primer matrimonio eran las típicas de una mujer de su estatus: la gestión del hogar y el cuidado de su marido, enfermo crónico.

El segundo matrimonio de Catalina tuvo lugar en 1534, con John Neville, tercer barón de Latimer. Aunque su marido le doblaba la edad y tenía dos hijos de matrimonios anteriores, Catalina pudo mudarse a su propia casa con su nueva familia y empezar de cero. Entre un marido y otro, había dependido de amigos y parientes para que le ofrecieran alojamiento y provisiones. Esta situación era bastante habitual en la época de los Tudor para las mujeres. Como la gran mayoría de sus compañeras, Catalina necesitaba un mecenas que la mantuviera alejada de la pobreza. John Neville sería su sustento durante nueve años.

La vida de los Latimer no era sencilla, aunque sí razonablemente lujosa. La familia vivía en el castillo de Snape y era bastante influyente entre los norteños ingleses, pero esa influencia se convirtió en un lastre durante el levantamiento de Lincolnshire en 1536. Aunque el propio lord Latimer era aliado del rey Enrique (tal vez incluso protestante), sus vecinos querían forzar al Parlamento para que les permitiera mantener sus iglesias, costumbres y leyes católicas. Indignados por la decisión del rey de casarse con Ana Bolena y reformar toda Inglaterra bajo el protestantismo, los rebeldes del norte obligaron al marido de Catalina a unirse a ellos en la revuelta o atenerse a las consecuencias. Latimer lo hizo, dejando a su esposa e hijos solos en casa.

Siendo aún una mujer muy joven, Catalina se esforzó por cuidar de sus dos hijastros y de sí misma mientras estaba aislada en el castillo de Snape, preguntándose si su marido sería asesinado o si llevaría la casa a la ruina. Había pocas esperanzas de que se diera un buen resultado durante esos tumultuosos años. Si la Peregrinación de

Gracia, como se denominó a la rebelión del norte cuando se formó y se desplazó hacia el sur, tenía éxito, el norte de Inglaterra podría separarse de su mitad sur. Si, por el contrario, el rey se ofendía por la revuelta, Latimer y todos los implicados podrían ser despojados de sus títulos y tierras, y luego torturados y asesinados por soldados de la corona.

Catalina había nacido en el sur de Inglaterra y sus padres estaban al servicio directo de la corona, lo que significaba que tenía un mejor conocimiento de la Iglesia de Inglaterra que las generaciones más antiguas o los bastiones católicos del norte. La capilla de Latimer en el castillo de Snape era de estilo católico, pero la señora de la casa era protestante de corazón. John Neville no desafiar al rey Enrique por sus reformas religiosas, por lo que, aparentando que apoyaba a la facción extremista que le rodeaba, actuó como diplomático entre los manifestantes y la corona.

Su esposa debió tener mucho miedo durante esos largos años sin John, especialmente cuando los rebeldes católicos la tomaron a ella y a los niños como rehenes a cambio del regreso de John de Londres. El ausente tercer barón Latimer regresó y negoció la liberación de su familia. Presionado por ambos bandos de la rebelión, Latimer fue sometido a un estrecho escrutinio por parte de Thomas Cromwell, el principal consejero del rey Enrique VIII. Para el rey y su consejo, parecía probable que John Neville fuera tan conspirador rebelde como el resto de los implicados en la Peregrinación de Gracia; para los rebeldes, Neville parecía muy cercano al rey. Fue una situación de la que apenas pudo escapar. Cuando la acusación de traición fue retirada, Latimer trasladó a su familia al sur.

La reputación del marido de Catalina se había arruinado, y por esta razón Thomas Cromwell pudo utilizarlo como una especie de mandadero durante los siguientes años. Cuando el rey Enrique se cansó de la presencia de Cromwell y lo mandó a ejecutar en 1540, la vida se hizo más fácil para la familia Latimer. John asistía de vez en cuando a la corte en Londres, donde Catalina visitaba a su hermana.

Cuando la reputación de la familia empezó a mejorar, John Neville enfermó y tuvo que recurrir a su esposa para que lo cuidara, así como a sus hijos. Ella lo cuidó hasta su muerte en 1553.

Al vivir en Londres esos cinco o seis años, Catalina conoció a muchas personas influyentes de la corte del rey, incluida la hija de este, lady María. Ambas eran muy jóvenes y se hicieron muy amigas, ya que Catalina visitaba a menudo a María en la corte. También conoció al cuñado de Enrique VIII, Thomas Seymour. Los dos disfrutaron de la compañía del otro hasta el punto de que Catalina esperaba que se casaran. Sin embargo, antes de que se llegara a tal acuerdo, la viuda de treinta años llamó la atención del propio rey. Enrique, que nunca estaba satisfecho tuviera o no esposa, decidió que Catalina era la candidata perfecta para convertirse en su sexta reina. Al igual que sus predecesoras, Catalina no tuvo más remedio que aceptar la propuesta del rey. Después de todo, Thomas Seymour nunca la perseguiría mientras tuviera el ojo del rey encima, y la persistencia era algo inherente al carácter de Enrique.

En 1543, el rey Enrique VIII tenía 52 años y estaba muy mal de salud. Su peso se había disparado a más de 135 kilos, sus piernas estaban llenas de infecciones que goteaban y apestaban, razón por la pasaba el menor tiempo posible de pie. Es muy posible que Enrique hubiera sido testigo de las amables atenciones de lady Latimer a su marido enfermo y moribundo durante varios años, y ahora quería esa paciencia y amabilidad para su propio beneficio. Se casó con Catalina el 12 de julio de 1543.

Después de haber sido esposa y madrastra de dos hijos dos veces, Catalina tenía experiencia en el matrimonio. Era cuidadosa, dulce, paciente y cariñosa, todas cualidades que le atraían a Enrique en su vejez. Además, la sexta esposa del rey adoraba la nueva fe de forma genuina, la misma fe que la había mantenido a salvo en el sur de Inglaterra mientras los católicos la aterrorizaban en el norte. Enrique y Catalina se unieron por sus creencias religiosas compartidas y hablaban en privado durante horas sobre los puntos más delicados de la Iglesia de Inglaterra. En aquellos años, la iglesia de Enrique no era formalmente conocida como protestante, ya que había variantes entre sus leyes religiosas y las de otras naciones protestantes. Aunque Catalina parecía una protestante de pleno derecho, tenía que someterse a las especificaciones de Enrique en cuanto a prácticas religiosas.

A diferencia de las mujeres que la precedieron, no se esperaba que Catalina Parr fuera virginal ni que tuviera hijos. Estaba allí para ser una esposa dulce y cariñosa, un papel en el que supo destacar. Se encargó de que su hijastra, Margaret Neville, se instalara como una de sus damas de compañía, e hizo lo mismo con la esposa de su hijastro. En cuanto a sus tres nuevos hijastros, Catalina se apresuró a conocerlos mejor y a procurar que recibieran la atención y la educación que merecían.

La princesa María y Catalina ya eran amigas; sin , embargo, la princesa Isabel y el príncipe Eduardo solo tenían diez y seis años, respectivamente. Con la muerte de Catalina Howard, Isabel acababa de perder a otra madrastra y ya era lo suficientemente mayor como para que la afectara la sucesión de pérdidas en este sentido. Eduardo acababa de llegar a la edad en la que iba a comenzar su educación formal, lo que significaba que a Catalina le esperaba una gran cantidad de tareas administrativas al mudarse al palacio de Hampton Court.

Para Enrique, este último matrimonio funcionó de forma muy parecida al primero. Él y su esposa eran amigos y confiaba en ella. Se sentaban juntos con regularidad, ella en su regazo o él con sus piernas doloridas en las de ella mientras las masajeaba. Enrique escuchaba a Catalina cuando hablaba de la bondad de sus hijas y de la importancia de reintegrar sus nombres a la sucesión real. El rey recordaba este mismo consejo de Juana Seymour, la esposa que atesoraba desde que dio a luz al príncipe Eduardo, por lo que finalmente volvió a incluir a Isabel y María en su testamento como hijas legítimas.

Tras ayudar a María e Isabel a conseguir su legitimidad, Catalina se dedicó a la labor de educar al pequeño Eduardo. Era un niño inteligente con cabeza para las finanzas y las tácticas militares, y su madrastra se aseguró de que aprendiera todo lo que pudiera del protestantismo, la historia y los idiomas. Incluso ella misma continuó su propia educación junto a Eduardo e Isabel, aprendiendo español y teología. Los hijos menores de la realeza forjaron vínculos con Catalina al ser una de sus principales tutoras; fue una época que tanto Isabel como Eduardo recordarían el resto de sus vidas.

En 1544, Enrique VIII llevó sus ejércitos a Francia en otro intento de recuperar los bienes que Inglaterra había perdido allí. Al abandonar Inglaterra, el rey hizo algo que no había hecho desde que Catalina de Aragón estaba viva: nombró a la reina regente en su lugar.

Catalina era admirada por Thomas Cranmer, su propio tío, y muy querida por los demás miembros de su Consejo de Regencia; la reina gobernó con facilidad y a su antojo durante los tres meses que Enrique estuvo en el extranjero. Aunque el rey regresó sin haber obtenido la victoria en Francia, Catalina sabía que se había ganado su confianza y respeto.

La confianza de la reina en su posición creció después de la campaña francesa, y comenzó a publicar sus propios libros de teología, como *Salmos u Oraciones*. Estos fueron los primeros libros publicados en Inglaterra que habían sido escritos por una mujer, al menos bajo su propio nombre. La destreza literaria y filosófica de Catalina, junto con su sólido dominio de la regencia, debió causar una impresión duradera tanto en María como en Isabel, quienes se convertirían en futuras reinas de Inglaterra.

El amor descarado de la reina por el protestantismo continental le hizo ganarse algunos enemigos en el Consejo Privado, que seguía estando formado en parte por católicos acérrimos en los que Enrique confiaba de todas formas. Tras la muerte de Thomas Cromwell, Enrique pareció ablandarse respecto a la reforma religiosa. Aprovechando la situación, el obispo de Winchester y lord

Wriothesley presentaron un caso contra la reina por hereje y lo llevaron al rey. Catalina encontró una copia de la orden y corrió a ver a Enrique en cuanto se calmó lo suficiente. Se humilló ante el rey y se lamentó por haber hablado demasiado sobre el tema de la teología sin su aprobación. Se disculpó profusamente e infló el ego de su marido desesperadamente. Enrique la envió de vuelta a sus habitaciones.

Catalina se salvó de una forma espectacular. Enrique, que ya había perdonado a su esposa por cualquier transgresión percibida contra su dogmática doctrina religiosa, quiso dar una lección a sus consejeros. Poco después de la disculpa de su esposa, el rey llevó a Catalina a disfrutar de los jardines de palacio. Fueron interrumpidos por lord Wriothesley, quien, al no haber sido informado del deseo del rey de pasar por alto los cargos de herejía, intentó arrestar a la reina por traición. Enrique VIII golpeó al lord y a sus ayudantes con fuerza, enviándolos lejos y declarando para todos los que estaban cerca escuchando que su reina no debía ser interrogada.

La reina Catalina permaneció al lado de su marido y no volvió a ser reprendida por nadie del consejo. Siguió fomentando una relación cariñosa con los hijos del rey, y el día de año nuevo de 1545, Catalina recibió de la princesa Isabel un libro religioso que esta había traducido al inglés:

"A NUESTRA NOBLÍSIMA Y VIRTUOSA REINA CATALINA,

Isabel, su humilde hija, os desea felicidad perpetua y una alegría eterna.

NO SOLO conociendo la afectuosa voluntad y el ferviente celo que vuestra alteza tiene hacia todo el aprendizaje piadoso, como también mi deber hacia vos (graciosísima y soberana princesa), pero sabiendo además que la pusilanimidad y la ociosidad son muy repugnantes para una criatura razonable que (como dice el filósofo) es como un instrumento de hierro o de otro metal se oxida pronto si no está continuamente ocupado. Del mismo modo, el ingenio de un hombre o de una mujer se embotará y será incapaz de hacer o entender algo perfectamente, a menos que se ocupe siempre en algún tipo de estudio, lo cual, considerando las cosas, ha movido una porción tan pequeña como la que Dios me ha prestado para probar lo que puedo hacer.

Y, por tanto, he traducido (como una forma de comenzar, siguiendo el notable dicho del proverbio antes mencionado) este pequeño libro de la rima francesa a la prosa inglesa, uniendo las frases tan bien como la capacidad de mi simple ingenio y mi pequeña erudición me lo permiten. El libro se titula, o se llama, El Espejo o Cristal del Alma Pecadora, que contiene cómo ella (mirando y contemplando lo que es) percibe cómo, por sí misma, y por su propia fuerza, no puede hacer nada de lo que es bueno, o hacer que prevalezca para su salvación, a menos que sea a través de la gracia de Dios, que se demuestre a sí misma la madre, hija, hermana y esposa que puede ser según las escrituras.

Rogando a Dios Todopoderoso, hacedor y creador de todas las cosas, que garantice a vuestra alteza el mismo día de año nuevo, un año afortunado y próspero, con una descendencia próspera y la prosecución de muchos años con buena salud y alegría continua, y todo para su honor, alabanza y gloria."

Desde Ashridge, el último día

del año de nuestro señor Dios, 1544".

En la navidad de ese mismo año, se creía que el rey Enrique estaba a punto de morir. Como sufría mucho dolor, la corte del rey se cerró para las vacaciones y solo Catalina y lady María estuvieron con él. Murió poco más de un mes después, el 28 de enero de 1546. El príncipe Eduardo le sucedió bajo un Consejo de Regencia nombrado por el difunto rey Enrique VIII y Catalina se trasladó a su palacete en Chelsea con una renta de 7.000 libras concedida por el testamento de Enrique.

Como ya había cumplido con su deber real, Catalina no perdió tiempo en casarse con su verdadero amor, Thomas Seymour, el tío del nuevo rey. La pareja se casó en secreto en mayo de 1546 y no informó al rey Eduardo ni a las princesas María e Isabel hasta más adelante en el año. La familia real quedó sorprendida y decepcionada con Catalina por no haber ofrecido a su padre un período de luto adecuado. Además, los Seymour ya se estaban en el radar como potenciales usurpadores del trono del joven rey, hecho que la inteligente Catalina no pudo haber pasado por alto. Se casó con Thomas sin tener en cuenta sus ambiciones políticas y publicó *Lamentación de un pecador* en 1547.

Al año siguiente, invitó a la princesa Isabel y a la joven lady Juana Grey a reunirse con ella en el castillo de Sudeley, en Gloucestershire, para que pudieran continuar su educación bajo su tutela. Aunque Isabel, que entonces tenía 14 años, seguía estando muy unida a su madrastra Catalina, esta descubrió a su marido abrazando a la niña y no tuvo más remedio que enviarla fuera de la finca.

Catalina quedó embarazada por primera vez ese mismo año, pero murió poco después del parto por la misma enfermedad que se había cobrado la vida de Juana Seymour. Parece que su hija, María, murió alrededor de los dos años de edad. Thomas Seymour fue ejecutado al año siguiente por conspirar contra el rey Eduardo VI.

Capítulo 19 – Más teorías sobre la fertilidad de Enrique Tudor

El rey Enrique VIII logró muchas cosas durante sus 37 años de reinado, como la reforma de la Iglesia inglesa, la creación de una marina inglesa viable y la transformación de Whitehall en un fastuoso palacio. Sin embargo, la mayoría de la gente lo recuerdas por sus seis esposas de y su obsesiva necesidad de tener un heredero varón. Lo que probablemente nunca podremos saber es si hubo realmente alguna razón médica que explicara todos los problemas que tuvieron las esposas de Enrique para dar a luz a niños sanos, hombres o mujeres.

El rey Enrique VIII no era infértil en absoluto, ya que sus tres primeras esposas pudieron concebir en el primer año de matrimonio y sus dos primeras esposas se quedaron embarazadas en múltiples ocasiones. Así que, dejando de lado la fertilidad, parece que potencialmente puede haber algo en Enrique que hizo que llevar un embarazo a término fuera casi imposible para sus esposas. Desde nuestra perspectiva moderna, el gran número de abortos espontáneos, mortinatos y fallecimientos de bebés o niños en la casa de los Tudor parece poco menos que horrendo. Las investigaciones sobre el tema abundan y, sin embargo, no podemos saber si se trataba de una enfermedad o si la familia real tenía simplemente una tasa de mortalidad infantil muy desafortunada.

La Inglaterra de los Tudor no era un lugar fácil para ningún niño, ya fuera de la realeza o de otro tipo, ya que el 25 por ciento de los recién nacidos moría en su primer año de vida y el 50 por ciento moría antes de los diez años. Si se hace un recuento total de todos los hijos del rey Enrique VIII, incluidos los abortos, habría habido entre ocho y diez hijos reales potenciales. Tres de ellos sobrevivieron hasta la adolescencia y dos murieron de adultos. Dos hijos longevos de cada 10 no es una estadística inusual para aquellos tiempos, pero tampoco es particularmente buena. Además, aunque en la historia se tiende a recordar a Enrique como el rey sin hijos varones, uno de esos tres hijos supervivientes era en realidad un niño: el príncipe Eduardo. Enrique también engendró a Enrique Fitzroy y posiblemente a otros hijos ilegítimos.

Sin embargo, algunos historiadores médicos sostienen que hubo un problema relacionado con la fertilidad del rey Tudor después de la concepción y que podría estar relacionado con la sífilis. La sífilis es una infección bacteriana de transmisión sexual que puede causar síntomas a largo plazo, como dolor en las articulaciones y demencia. Ambos síntomas han sido atribuidos al rey Enrique, especialmente durante sus últimos años de vida. En las mujeres embarazadas, la sífilis activa puede reducir a la mitad las probabilidades de dar a luz a un bebé sano. Esto explicaría los abortos espontáneos en fase tardía que sufrieron la reina Catalina de Aragón y la reina Ana Bolena en múltiples ocasiones, quienes habrían contraído la enfermedad del propio Enrique.

La sífilis ha sido un diagnóstico hipotético popular para el rey Enrique VIII, sobre todo porque no solo podría explicar los problemas en la cámara de parto, sino también los problemas con la personalidad del rey. Enrique no era conocido por sus contemporáneos como un rey "loco", pero muchos historiadores sí creen que el rey sufrió un trauma en su temprana edad adulta que afectó a su cerebro y a su temperamento. Si se considera a Enrique como un tirano impredecible, una idea que no carece de cierto mérito, estas teorías retratan a Enrique como un rey más tranquilo y sumiso antes de su accidente en enero de 1536. Enrique quedó inconsciente por la estocada del arma de su oponente, lo que lo hizo sufrir intensamente y no volvió a participar en una justa. Meses más tarde, pidió el juicio y la ejecución de una mujer por la que había movido montañas políticas apenas tres años antes.

Si el accidente cambió permanentemente la personalidad del rey, lo que no puede probarse de forma concluyente, ciertamente no dañó su libido. Se relacionó con amantes y se volvió a casar, teniendo un bebé sano en 1537 con Juana Seymour. Después de la muerte de Juana no se informó de más embarazos de ninguna de las esposas del rey, aunque él insistió en que era viril y todavía capaz de rendir sexualmente. Pero, a pesar de las afirmaciones que contradecían lo que el rey siempre varonil hizo a su médico después de no consumar su matrimonio con Ana de Cléveris, los médicos modernos están de acuerdo en que era poco probable que Enrique pudiera tener relaciones sexuales en ese momento de su vida debido a su mal estado de salud.

De hecho, el hecho de que no se haya informado de embarazos con las dos últimas esposas de Enrique parece respaldar la teoría de una infertilidad posterior que no había formado parte de su fisiología cuando era más joven. Cuando estaba en el final de sus 30 años de edad, Enrique era obeso, luchaba contra las úlceras en ambas piernas y probablemente era médicamente incapaz de consumar sus matrimonios con Catalina Howard o Catalina Parr. Si tuvo relaciones sexuales con sus dos últimas esposas, es poco probable que fuera algo habitual. Después de la anulación del matrimonio con Ana de Cléveris, el rey Enrique ya no habló de la necesidad de tener más hijos. Además, para entonces ya tenía un heredero varón en la familia.

El estrés es otro factor que tener un rol importante en la casa de los Tudor, ya que las esposas de Enrique estaban inmensamente presionadas para producir hijos. La reina Catalina de Aragón quedó embarazada poco después de casarse con el rey de 18 años, pero dio a luz a una niña muerta en su séptimo mes de embarazo. Consciente de que su deber como reina era principalmente dar a luz a niños sanos, incluyendo al menos un hijo, Catalina se sintió inmensamente culpable. Era una católica muy devota y puede que creyera que había hecho algo que ofendía a Dios y que le quitaba a su hijo como castigo.

Tras un nuevo parto de un niño muerto y la llegada de un varón en 1511, quien murió poco después del parto, su preocupación solo aumentó y se hizo más insoportable. Ayunó para intentar purificar su cuerpo con la esperanza de tener un hijo sano, lo que tristemente solo podría haber reducido aún más sus posibilidades. La reina Ana Bolena estaba sometida al menos a tanta presión como su predecesora para dar a luz a un hijo sano. El nacimiento de la princesa Isabel fue considerado una alegría porque confirmaba la fecundidad de la pareja de Ana y Enrique, pero la sucesión de abortos espontáneos que le siguieron a ese primer parto exitoso enfermó a la nueva reina y la hizo temer por su posición al lado del rey.

Tanto Catalina como Ana se reprendían a sí mismas de forma terrible por no haber conseguido engendrar varones para Enrique. Este nivel de estrés, potencialmente combinado con una enfermedad por parte del padre, debió de dificultar mucho la tarea de llevar un embarazo a término de manera exitosa. Además, los procedimientos médicos inadecuados de la época no hicieron más que empeorar la situación.

Es probable que nunca se sepa si la sífilis, antígenos en sangre Kell positivos, el estrés insoportable o una combinación de factores fueron los responsables del fracaso en las habitaciones de los Tudor. Sin embargo, este misterio sigue siendo uno de los principales legados del gran rey Tudor.

Capítulo 20 – Los hijos ilegítimos de Enrique VIII

Henry Fitzroy pudo haber sido el único hijo nacido fuera del matrimonio que Enrique Tudor reconoció, pero dadas las bien conocidas infidelidades del rey, es poco probable que Fitzroy haya sido el único hijo o hija engendrado de una aventura real extramatrimonial. Se ha dicho que Enrique VIII era el padre de la segundo hija de Bessie Blount y de al menos seis hijos más de otras amantes. Todos estos niños nacieron sanos y llegaron a la edad adulta, lo que sugiere que muchos otros nacieron muertos o fueron abortos espontáneos, tal como era tan común en la época.

Está claro que el rey Enrique sentía debilidad por Isabel Blount, ya que no solo le proporcionó una vida muy cómoda después de abandonar la corte, sino que su hijo fue el único ilegítimo que Enrique reclamó como propio. De las muchas amantes con las que el rey se relacionó a lo largo de su estancia en el trono de Inglaterra, solo se recuerda a un pequeño número, e incluso estas pocas solo fueron conocidas por los papeles que desempeñaron en las grandes intrigas políticas de la época. Un pequeño número de las relaciones amorosas menos conocidas de Enrique son recordadas solo por la progenie que produjeron, aunque él nunca admitiría tal cosa. Puede que se sintiera orgulloso al constatar que varios de los hijos que se le atribuyen eran muy inteligentes, exitosos y bastante artísticos.

Hacer un seguimiento de las historias de cada uno de los hijos o supuestos hijos de Enrique VIII es imposible, pero para muchos descendientes ese tenue vínculo con la familia Tudor es valioso. Además de Enrique Fitzroy, hubo otros cinco hijos cuyas afirmaciones de tener el patrocinio de Enrique Tudor eran un tanto creíbles. Sus casos se produjeron bien por un asunto público o por un gasto privado del rey.

Thomas Stukley

Aproximadamente un año después del nacimiento de Henry Fitzroy, Jane Pollard dio a luz a un hijo llamado Thomas Stukley. Esto sucedió más o menos al mismo tiempo que nació Elizabeth Tailboys, la segunda hija de Bessie Blount. Jane Pollard era la esposa de sir Hugh Stukley y, como la mayoría de las amantes de Enrique VIII, se casó muy cerca de la fecha en la que dio a luz, lo que da más peso a la posterior reclamación de herencia real del niño. No fueron ni Jane ni Hugh quienes hablaron de la conexión secreta del joven Thomas con el rey Enrique VIII, sino el propio Thomas cuando creció. Contemporáneo de las princesas María e Isabel y del príncipe Eduardo, se presentaba alegremente como hijo del rey sin que la familia real le hiciera caso. Se decía que el joven se parecía a su supuesto padre, un rumor con el que Thomas se deleitaba.

Los Stukleys vivían en Devon, pero cuando Thomas alcanzó la mayoría de edad, se trasladó al norte, a Exeter, donde se convirtió en discípulo del obispo de Exeter y del amigo íntimo del rey Enrique, Charles Brandon. Thomas se convirtió en un soldado talentoso y se relacionó con Edward Seymour, un miembro poderoso del Consejo de Regencia del rey Eduardo VI tras la muerte del rey Enrique. Sin embargo, Seymour era impopular y tenía planes para ocupar el trono, por lo que, tras su detención, Thomas Stukley se exilió en Francia. También sirvió en el ejército francés durante un tiempo antes de regresar a Inglaterra con una carta de recomendación del rey Enrique II de Francia.

A su regreso a Inglaterra, Thomas Stukley intentó ganarse el favor de Eduardo VI al revelar un supuesto complot francés para reconquistar Calais. Desgraciadamente, John Dudley era entonces el principal regente detrás de la corona y utilizó la información de Stukley para manipular a Enrique II a hacer una tregua incómoda a costa de Stukley. Thomas fue encarcelado en la Torre de Londres como creador del complot francés.

Stukley fue liberado, pero tuvo problemas con las deudas y se vio constantemente involucrado en los márgenes de posibles planes de traición. Huyó de Inglaterra varias veces más a lo largo de su vida y una vez le dijo a la reina Isabel I, a la que se refería como "hermana", que creía que algún día sería príncipe. Finalmente, Stukley fue asesinado en la batalla de Alcazarquivir, como parte de una campaña para aliarse con España y Portugal contra Inglaterra. El año de su muerte fue 1578.

Richard Edwardes

En 1525, Richard Edwardes nació de Agnes Blewitt Edwardes, esposa de William Edwardes. A diferencia de Thomas Stukley, Richard y su familia fueron muy discretos en cuanto a su conexión con Enrique VIII, si es que existió. Es difícil decir cómo llegó Agnes a la presencia o al servicio del rey, porque la familia Edwardes era bastante pobre. Richard fue el único miembro de la familia que fue educado en el Corpus Christi College de la Universidad de Oxford y llegó a ser nombrado director de la Capilla Real del palacio de Windsor. La lujosa educación de Ricardo es el principal argumento usado por sus descendientes para respaldar su vínculo con un rico benefactor: el rey Enrique VIII.

Richard se convirtió en un exitoso poeta, dramaturgo y compositor musical. Fue un logro especial, no solo para un hombre de familia pobre, sino para cualquier artista que viviera durante la edad de oro de los teatros de Inglaterra. Fue bajo el reinado de la reina Isabel I cuando Inglaterra construyó sus primeros teatros y adoptó las artes escénicas no musicales. Richard Edwardes fue contemporáneo de William Shakespeare y presentó al menos una de sus obras ante un público que incluía a la propia reina. El título de su obra era *Palamon y Arcite*, una obra cuya historia se basaba en el famoso *Cuento de un caballero* de Chaucer. Desgraciadamente, durante la representación, el escenario se derrumbó y murieron tres personas.

La obra de Richard *The Excellent Comedie of two the Moste Faithfullest Freendes: Damon and Pithius* también se representó para la reina Isabel I durante sus infames fiestas navideñas de la temporada 1564-1565. En esta ocasión su obra se representó con éxito. *Damon y Pithius* es la única obra teatral impresa que queda de Richard Edwardes, pero varias de sus composiciones musicales siguen imprimiéndose hasta hoy, al igual que una colección de sus poemas titulada *A Paradise of Dainty Devices*.

Ricardo murió el 31 de octubre de 1566.

Catalina y Enrique Carey

Una de las amantes más controvertidas de Enrique VIII fue lady María Bolena, hermana de su reina más famosa, Ana Bolena. No se sabe por cuánto tiempo fueron amantes María y Enrique, pero el romance era un secreto mal guardado en la corte de los Tudor. En la época en la que el rey casó a su amante con un marido rico, como era su costumbre, ambos mantuvieron una relación romántica que dio lugar a la teoría de que los dos primeros hijos de María, nacidos en 1524 y 1526, eran descendientes de Enrique Tudor.

Catalina era la hija mayor, Enrique el menor. Ambos llevaron el apellido Carey, el del esposo de su madre, William Carey. William era un importante criado del rey y servía como caballero de la Cámara Privada. Su familia era rica y privilegiada incluso antes de que la hermana de María se convirtiera en la nueva esposa del rey en 1533.

Tanto Catalina como Enrique Carey fueron criados bajo la tutela de su tía Ana Bolena, lo que les mantuvo muy cerca del rey Enrique y les aseguró una preparación adecuada para un futuro en la corte. Aunque los niños dejaron de vivir con su madre tras la muerte de William Carey en 1528, mantuvieron el contacto hasta que María Bolena fue desterrada de la corte por casarse con William Stafford en 1534.

Cuando Catalina creció, se comentó que se parecía al rey Enrique y, en efecto, los retratos que se cree que son de ella muestran ese clásico tono de pelo rojo de los Tudor. Catalina se casó en 1540 con sir Francis Knollys, un político que sirvió bajo el mandato de Enrique VIII, Eduardo VI e Isabel I. Sirvió como dama de compañía de Ana de Cléveris y Catalina Howard antes de la muerte del rey Enrique, y luego pasó a servir en la corte de Isabel I. La reina Isabel nunca mencionó el rumoreado patrocinio de Catalina, pero la mantuvo en la más alta de las posiciones entre sus damas.

Catalina y sir Francis tuvieron 14 hijos. A la muerte de la dama en 1569, Catalina fue enterrada en la abadía de Westminster. La placa que hay allí la relaciona con Enrique VIII solo a través de su tía Ana Bolena.

En cuanto a Henry Carey, recibió una excelente educación en una escuela monástica, trabajó con tutores privados y llegó a ser miembro del Parlamento en representación de Buckingham. La prima de Enrique, la reina Isabel I, lo nombró caballero en 1558 y lo hizo barón al año siguiente. Como primer barón de Hunsdon, Enrique tenía un salario anual de 400 libras y supervisaba la producción de las tierras en Kent y Hertfordshire, así como los señoríos de Hunsdon y

Eastwick. Un año después de convertirse en barón, Enrique fue nombrado maestro de los halcones de caza de la reina. Con este trabajo ganaba otras 40 libras al año.

Enrique llegó a ser teniente general del ejército de la reina durante la rebelión del norte entre 1569 y 1570. Sus tropas salieron victoriosas y su prima le dio un agradecimiento muy generoso. Además de los ascensos militares, Isabel I nombró a Enrique guardián de Somerset House, la finca donde había vivido como princesa depuesta.

Durante sus últimos años, Enrique Carey patrocinó al grupo de teatro de William Shakespeare y tuvo un romance con la joven poeta Emilia Lanier. La colmó de dinero, regalos y comodidades durante varios años, hasta que ella quedó embarazada. Al más puro estilo del rey Enrique VIII, Carey casó a su amante con un primo en 1592, le dio una gran suma de dinero y no volvió a involucrarse en el asunto. Su hijo ilegítimo, Henry Lanier, nació en 1593. Carey y su propia esposa, Anne Morgan, tuvieron 16 hijos.

En 1596, Enrique Carey murió como un hombre rico y exitoso. Fue enterrado en la abadía de Westminster.

John Perrot

John Perrot nació en 1528 y sus padres eran Thomas Perrot y Mary Berkeley. Se dice que es el producto de una aventura entre su madre y el rey Enrique VIII; de hecho, John creció con un gran parecido al rey Tudor. Tenía el pelo y la barba rojos y se creía que tenía la confianza y el temperamento del rey Enrique. Aunque la pretensión de Perrot de obtener el patrocinio real fue en gran medida póstuma gracias al esposo de su nieta, la suya es una historia convincente que viene acompañada de un retrato bastante revelador.

La familia Perrot vivía en Gales, pero al cumplir la mayoría de edad, John viajó a Inglaterra para intentar conocer al hombre que esperaba que fuera su padre biológico. Tuvo la suerte de entrar a formar parte de la casa de William Paulet en la década de 1540, lo que lo puso en el radar del rey Enrique. La carrera de Perrot iba viento en popa hasta la muerte de Enrique en 1547, pero su caso fue abordado por el Consejo de Regencia del heredero de Enrique, el rey Eduardo VI. Perrot fue nombrado caballero el mismo día de la coronación de Eduardo.

Juan viajó a Francia con un enviado inglés con la intención de concertar el matrimonio del rey con la hija del rey francés Enrique II. El matrimonio nunca se celebró, pero a Enrique II le gustó inmediatamente John Perrot y le ofreció un puesto en su propia corte. Perrot, que pretendía hacerse un nombre en Inglaterra, rechazó la oferta de Enrique II para saldar sus deudas.

Cuando la reina María I le arrebató el trono a su prima Jane Grey, John Perrot fue encarcelado bajo la acusación de albergar a herejes protestantes en su propiedad de Gales. Una vez liberado, mantuvo un perfil bajo hasta que Isabel I asumió el poder. Con la nueva reina, Perrot volvió a prosperar Fue puesto a cargo de los barcos navales del sur de Gales y se le dio el nuevo cargo de lord presidente de Munster, Irlanda.

La presidencia de Munster fue ardua y requirió que Perrot lidiara con los constantes ataques de los irlandeses contra la autoridad de la reina. Durante su mandato, Perrot ahorcó a unas 800 personas que luchaban contra él. Odiaba el trabajo y renunció sin el consentimiento de la reina en 1573, pero fue perdonado cuando se reunió con la reina en su corte. Después, John regresó a Gales con la intención de llevar una vida tranquila. El plan no sirvió de nada, ya que la reina Isabel necesitaba continuamente a su sirviente naval de confianza. En la década de 1580, Perrot fue enviado de nuevo a Irlanda como lord diputado.

El cargo se le hizo tan difícil como antes. Perrot se enfrentó a las revueltas de los clanes irlandeses organizados y pasó años forjando relaciones diplomáticas con los irlandeses. Fue despiadado y se hizo enemigos por todos lados. Cuando regresó a Inglaterra y fue elegido diputado por Haverfordwest en 1589, sus enemigos en Irlanda le acusaron de traición a Isabel. Presentaron cartas, aparentemente escritas por John Perrot al rey Felipe II de España, en las que el autor deseaba aliarse con España contra la corona inglesa. Basándose en estas pruebas, en las que John se había referido a la reina como "bastarda" en varias ocasiones, se ordenó el encarcelamiento de Perrot a la Torre de Londres. Allí murió en septiembre de 1593.

Capítulo 21 – El legado de las seis esposas de Enrique

Es interesante observar que el rey Enrique VIII amó a muchas mujeres a lo largo de su vida, pero fue increíblemente exigente con respecto a cuál de ellas podría convertirse en su esposa y reina. Aunque Isabel Blount había enviudado en 1533 y podría haber dado a Enrique la oportunidad no solo de tomar una nueva esposa, sino de legitimar a Enrique Fitzroy, el rey no tenía ningún interés en ese plan. Tampoco estaba interesado en una unión formal con María Bolena, María Shelton o cualquiera de sus otras amantes.

Enrique reflexionó mucho acerca de sus posibles parejas matrimoniales desde su primera boda con Catalina de Aragón. Tenía una visión específica en mente cada vez que se casaba, aunque esa visión cambiaba drásticamente de una esposa a otra. Enrique buscaba muchachas carismáticas, con talento y populares, de noble cuna; mujeres que él creyera que podían aportar algo al cargo de reina de Inglaterra. Esta premeditación quizá muestre el lado emocional de Enrique VIII, quien siempre buscaba a la mujer adecuada con la que formar el tipo de familia que tuvieron su propia madre y su padre.

Por encima de todo, las seis esposas del rey Enrique VIII de Inglaterra e Irlanda eran mujeres apasionadas e inteligentes. Independientemente del tipo de educación específico que recibieran, las distintas reinas de Inglaterra junto al rey Enrique Tudor fueron inteligentes, encantadoras y ávidas de conocimiento. Influyeron en la futura reina María I, en la reina Isabel I y en el rey Eduardo VI, además de ayudar a remodelar la forma en que Inglaterra percibía a las mujeres gobernantes, líderes, pensadoras y filósofas.

Catalina de Aragón fue un faro de esperanza para las mujeres intelectuales de su época. Encargó a Juan Luis Vives un libro destinado a la joven María Tudor que estaba titulado *La educación de una mujer cristiana*. Era radicalmente feminista para la época, exactamente lo que Catalina pretendía para su única hija y presunta heredera de Inglaterra:

"De los encuentros y las conversaciones con los hombres surgen las aventuras amorosas. En medio de los placeres, los banquetes, los bailes, las risas y la autocomplacencia, Venus y su hijo Cupido reinan... ¡Pobre muchacha, si salieseis de estos encuentros como una presa cautiva! Cuán mejor hubiera sido quedarse en casa o haberse roto una pierna del cuerpo antes que de la mente!".

Catalina de Aragón está enterrada en la catedral de Peterborough.

La creencia de la primera reina en la educación femenina no moriría con ella. La última esposa de Enrique VIII, Catalina Parr, aunque era protestante, se dedicó a educar a sus hijastras tanto como sus verdaderas madres. Isabel fue la que más se benefició de las enseñanzas de la reina Catalina, convirtiéndose no solo en una experta religiosa, sino desarrollando un amor por la literatura y la historia que duraría por el resto de su vida. La última de las reinas de Enrique VIII fue enterrada en la capilla del castillo de Sudeley. Sus restos fueron trasladados a la tumba de lord Chandos en el siglo XIX, después de que Sudeley quedara en ruinas.

Aunque era muy joven y quizás poco instruida, Catalina Howard dejó un legado de otro tipo: el de la igualdad del espíritu femenino con el masculino. Ella era todo lo que el rey quería y, sin embargo, nada de lo que él creía que era. Aunque se esperaba que Enrique y otros hombres de su importancia tuvieran múltiples amantes, las mujeres nobles eran vigiladas cuidadosamente y castigadas si tenían el mismo comportamiento. La pequeña Catalina, abandonada a su suerte como una joven ignorada en gran medida, encontró placer en la compañía de muchachos y hombres y no hizo nada para frenar sus deseos naturales. Al menos, demostró a un reino conservador que las mujeres son iguales a sus homólogos masculinos. Su muerte no cambió ese hecho. El cuerpo de la muchacha ejecutada fue enterrado, sin nombre, en la capilla de San Pedro ad Vincula de la Torre de Londres, después de que sus damas de compañía la envolvieran en un manto negro.

Ana de Cléveris, reina de Inglaterra durante apenas unos meses, es desgraciadamente más conocida por ser la esposa fea de Enrique VIII. Sin embargo, si se analiza su historia con más detenimiento, parece posible que en lugar de haber sido poco atractiva, Ana de Cléveris sea la prueba del imparable ego del rey Enrique. En realidad, Hans Holbein el Joven no tenía más que una fracción del talento de los futuros retratistas, y ninguno de sus sujetos estaba muy bien retratado a pesar de su popularidad como artista. Nadie, salvo el rey y los futuros biógrafos, hizo observaciones negativas de los rasgos físicos de la muchacha, y sin embargo es en gran medida esto lo que Enrique utilizó como excusa para deshacerse de otra esposa. Es muy posible que fuera impotente en ese momento de su vida, ya que no consiguió fecundar a las dos esposas que vinieron después de Ana de Cléveris. Tal vez fue la vergüenza y la falta de interés general lo que disolvió el matrimonio antes de que hubiera comenzado. Tal vez es cierto que le parecía poco atractiva.

Por la razón que sea, Ana tuvo una vida de lujo como recompensa por sus decisiones rápidas e inteligentes y a su negativa de reconocer los hirientes rumores sobre su persona. Está enterrada en la abadía de Westminster e inmortalizada allí como reina de Inglaterra.

En cuanto a Juana Seymour, el propio Enrique VIII reconoció su legado más duradero en el momento en que dio a luz al pequeño príncipe Eduardo. Era el hijo que el rey había esperado durante todo su reinado, la razón por la que se divorció de Catalina de Aragón y perdió su pasión por la fe católica. La pobre Juana no vivió lo suficiente como para ocuparse de la crianza de su hijo, pero su buena suerte al engendrar un niño de sexo masculino la hizo intocable en el corazón de Enrique VIII, quien la apreciaba más que a ninguna otra de sus esposas. Ella ablandó el corazón de su marido con respecto a sus hijas y ayudó a convencerlo (aunque póstumamente) de que restituyera sus nacimientos como legítimos. Su imagen se utilizó repetidamente en los retratos de la corte con Enrique después de su muerte, incluso cuando otras reinas estaban en el trono. Juana fue enterrada en la capilla de San Jorge del castillo de Windsor en una tumba que el rey Enrique había preparado especialmente para ella. Tras su muerte en 1547, Enrique se reunió con ella allí.

Por último, estaba Ana Bolena. La mujer por la que Enrique Tudor desechó a su fiel y cariñosa esposa, se desprendió del poder del papa de la Iglesia católica y declaró a Inglaterra su propio dominio religioso. Su legado es eterno, ya que dio a luz a una de las monarcas más queridas de la historia de Inglaterra: Isabel Tudor. La sangre de Isabel y Ana sigue ligada a la corona británica en una tierra que hace tiempo que acogió y adoptó su propia forma especial de protestantismo. Por ella, se destrozaron ídolos católicos, se apropiaron de tierras religiosas y se perdieron innumerables vidas, incluida, en última instancia, la suya. Es por la reina Ana Bolena que ahora tenemos la monarquía moderna, la Reforma y la Iglesia anglicana.

Su apasionado romance con el rey de Inglaterra resultó lo suficientemente fructífero como para mantener la estabilidad de Inglaterra durante más de medio siglo tras la muerte de los otros dos hijos de Enrique. El furioso rey, ahora famoso por su corazón infiel, pudo haber matado a su otrora amada amante y enterrado su cuerpo en una tumba sin nombre en San Pedro ad Vincula, pero el título de Ana como reina de Inglaterra revivió bajo el gobierno de su hija Isabel. Durante el reinado de la reina Victoria, el cuerpo de Ana fue identificado y marcado en el suelo de mármol de la iglesia. La reina Victoria también hizo que se pavimentara el lugar de la Torre Verde donde Ana Bolena, Catalina Howard y varias otras personas perdieron la vida bajo el hacha del verdugo.

Actualmente, hay un monumento conmemorativo en el lugar, creado por Brian Catling. Tiene la forma de una almohada sobre la que descansarían las cabezas cortadas de los ejecutados. El monumento reza:

"Gentil visitante, detente un momento: donde estás la muerte cortó la luz de muchos días: aquí se desprendieron nombres enjoyados del vívido hilo de la vida: que descansen en paz mientras nosotros hacemos un recorrido a través las generaciones en torno a su lucha y coraje: bajo estos cielos temerarios".

Vea más libros escritos por Captivating History

Referencias

Burnet, Gilbert (editor). Carta de Catalina de Aragón a su esposo, el rey Enrique VIII. 16 de Semtiembre de 1513. *La historia de la reformación de la Iglesia de Inglaterra*, Volumen VI.

Calendario de los papeles de Estado relativos a los asuntos ingleses en el Archivo de Venecia, Volumen 2, 614

Calendario de papeles de Estado, España, Volumen 4 Parte 1: Enrique VIII, 1529-1530, pp. 337-363, nota 224, Carta de Eustace Chapuys al emperador, 6 de diciembre de 1529.

Isabel I. "Carta a Catalina Parr, 1544". Transcrito por Anniina Jokinen. *Luminarium*. 10 de septiembre de 2006. [consultado el 10 de julio de 2018]

Green, Mary Anne Everett (1846). Cartas de las damas reales e ilustres de Gran Bretaña, desde el comienzo del siglo XII hasta el final del reinado de la reina María.

Hall, Edward. *Crónica de Hall: que contiene la historia de Inglaterra, durante el reinado de Enrique IV y los monarcas que le sucedieron, hasta el final del reinado de Enrique VIII, en la que se describen especialmente los usos y costumbres de esos períodos. Cuidadosamente cotejado con las ediciones de 1548 y 1550,* Impreso para J. Johnson, 1809, p. 833.

Juan Luis Vives (1523). *La educación de una mujer cristiana.*

Cartas de damas reales e ilustres de Gran Bretaña: desde el comienzo del siglo XII hasta el final del reinado de la reina María, Volumen 1.

Orchard, James. Cartas de los Reyes de Inglaterra, Volumen 1, p. 353. Halliwell-Phillipps.

Pascual de Gayangos (Editor) (1882). 'España: Febrero de 1533, 1-28', en *Calendario de papeles de Estado, España, Volumen 4 Parte 2*, 1531-1533, pp. 587-607. *British History Online* https://www.british-history.ac.uk/cal-state-papers/spain/vol4/no2/pp587-607 [consultado el 9 de julio de 2018].

Rogers, E.F. (editor). Cartas seleccionadas de Thomas More, 2-3, citado en Henry Virtuous Prince, David Starkey, p. 143.

Wood, Mary Anne Everett (ed.) (1846). Letters of royal and illustrious ladies of Great Britain, from the commencement of the twelfth century to the close of the reign of Queen Mary, Volume II, Henry Colburn, pp. 193-197.

Wood, Mary Anne Everett (ed.) (1846). *Cartas de damas reales e ilustres de Gran Bretaña: desde el comienzo del siglo XII hasta el final del reinado de la reina María*, Volume II, Henry Colburn, pp. 193-197.

www.ingramcontent.com/pod-product-compliance
Lightning Source LLC
LaVergne TN
LVHW041644060526
838200LV00040B/1711